북한과 통일에 대한 궁금증을 재미있게 풀어주는

10대를 위한 통일 이야기

라훈일 지음

청파랑

작가의 말

모두가 행복한 통일을 위한 새로운 접근

2017년 봄으로 기억합니다. 북한 김정은 위원장과 미국 트럼프 대통령의 말싸움 중에 실제 전쟁이 일어날 수 있다는 내용이 저녁 뉴스에 나왔습니다. 그때 딸들이 저에게 북한에 대해 궁금한 점을 이것저것 물었습니다. 그동안 북한과 관련해 많은 공부를 해왔지만, 자녀들과 심도 있게 대화한 것은 처음이었던 것 같습니다.

오랜 대화 끝의 결론은 슬프게도 "어서 빨리 다른 나라로 이민가자." 였습니다. 다행히 2018년 평창동계올림픽을 기점으로 한반도 위기설은 잠잠해졌습니다. 하지만 남북관계는 풀리는가 싶다가도 어려워지는 상황이 반복되고 있습니다.

이 과정에 늘 아쉬운 점이 있습니다. 미우나 고우나 북한은 통일의 상대인데 북한관련 뉴스가 전쟁에만 초점이 잡혀있다는 거죠. 북한을 전쟁이 아닌 통일의 상대로 생각한다면, 북한을 바라보는 눈은 매우 달라질 수 있을 것입니다. 그래서 당장 통일은 어렵다 하더라도 북한의 최근 변화와 이에 따른 우리들의 생각을 차근차근 정리해보는 시간이 필요하다 봅니다. 특히, 이런 주제에 별로 관심이 없는 10대들의 눈높이에 맞는 뭔가가 있으면 더 좋고요.

저는 20대에 북한 대학생들을 처음 만났습니다. 그 후 30대까지 북한을 오고 가면서 다양한 일들을 하였습니다. 그리고 40대인 현재는 갈 수 없게 된 북한을 다양한 채널을 통해 바라만 보고 있습니다.

저는 10대 때 제가 북한을 갈 수 있을 것으로 생각해본 적이 없었습니다. 좀 더 정확히 말한다면 북한에 굳이 가야겠다는 마음도 없었습니다. 지금 10대 역시 마찬가지일 것입니다. 아니면 더 심할 수도 있고요.

과거 2000년부터 대략 10년 동안 본격적으로 열리게 된 북한은, 남한의 정치·경제·사회 전 분야에 아주 큰 영향을 끼쳤습니다. 저는 현재의 10대가 시간이 흘러 20대가 되는 즈음에 그런 상황이 올 것으로 예상합니다. 이때는 과거보다 더 큰 변화의 물결이 올 것입니다.

그 물결은 과거에 중요했던 어떤 가치, 사상, 비전을 말하는 것이 아닙니다. 아주 현실적이고 구체적인 것들입니다. 이는 10대들이 향후 맞이하게 될 직업, 연봉, 결혼, 여행 같은 구체적인 삶과 직결됩니다.

예를 들어, 제 딸 넷이 성인이 되면 그 중 최소 두 아이는 평양에서 직업을 구할 수 있습니다. 아마 서울보다 연봉이 높은 일자리가 그곳에 있다면 두 아이는 평양을 선택하는 것을 주저하지 않을 것입니다. 물론 현재 기준으로는 뜬금없고 말도 안 되는 얘기일 수 있지만요.

그런데 여러분. 가끔 뜬금없는 얘기가 시간이 지나 엄청난 대박이었다는 것을 깨닫게 될 때도 있습니다. 한때 '통일은 대박이다.'라는 말은 우리나라 대통령도 자주 사용했던 문구입니다. 어떤 요행을 바라는 것이 아니라 북한과 통일에 관심을 기울이는 것은, 미래에 대한 투자로

볼 수 있다는 거죠. 모두가 북한전문가, 통일운동가가 될 필요는 없습니다. 그렇게 되면 저의 존재가치가 떨어지니까 더더욱 안 됩니다. 하지만 북한에 대해 아는 것은 10대 여러분들이 미래를 설계하는 데 매우 큰 도움이 될 것입니다.

몇 년 전 대기업에 다니는 한 후배의 '급히 만나주세요.'라는 전화를 받고 약속장소에 나간 적이 있었습니다. 후배는 만나자마자 대뜸 북한 생수와 관련해 물어보더군요. 북한에 생수 공장이 있냐, 선배가 북한에 있을 때 생수를 마셔봤냐, 북한 수돗물 맛은 어떠냐 등등 궁금한 것이 많아 보였습니다.

그 이후에도 몇 번 통화하면서 이와 관련해 의견을 주고받았는데 그가 제공해 준 스테이크 식사와 모바일상품권에 마음이 움직여 성심성의껏 대답을 하였습니다. 나중에 알고 보니 그 기업의 중간관리자 교육과정에 '미래 먹거리 선정 프로젝트' 발표를 앞둔 직장상사 부탁으로 알아본 거였더군요. 제가 얼마큼 도움이 되었는지 모르겠지만 그 후배는 그 시기에 승진도 했고, 정기적으로 저에게 기프티콘을 보내주는 것을 보니 도움이 조금은 되었던 것 같습니다.

그런데 우리나라 기업과 사람이 북한에 관심가질 만한 것이 생수만 있겠습니까? 북한에 바나나우유를 팔기 위한 원대한 계획을 품고 있는 직장인, 북한 부동산개발에 따른 법률 도움을 준비하는 변호사, 러시아 천연가스를 북한을 통해 남한까지 끌고 오려는 대기업직원 등 눈 좀 크게 뜨면 다양한 사람들이 많습니다. 북한은 우리나라와 직접 마주하고 있으므로 싫으나 좋으나 마주쳐야 하는 것이 현실입니다. 설사 '우리의 소원은 통일'이 안 되어도 북한을 알아가는 공부가 필요한 이유입니다. 그런 공부를 위해 이 책이 10대 여러분에게 잘 활용되기를 바랍니다.

이 책은 크게 두 부분으로 구성되어 있습니다. 하나는 북한, 다른 하나는 통일입니다. 우리가 지향해야 하는 것은 맹목적인 통일이 아니라 좋은 통일이어야 합니다. 모두에게 행복을 주는 남북통일이 되어야 합니다. 그런 좋은 통일을 하기 위해서는 통일의 상대인 북한을 어느 정도 알고 있어야 합니다. 그리고 통일을 더 잘 이해하기 위해서는 통일의 반대인 분단을 살펴봐야 합니다.

통일은 한 번에 이루어지는 것이 아닙니다. 여러 과정을 거치고 시간이 필요합니다. 그런 점에서 북한도 과거의 북한, 현재의 북한, 미래의 북한이 다 다를 수 있습니다. 과거의 북한도 알면 좋지만, 변화하는 북한의 모습에도 눈길을 주면 좋겠습니다.

이 책을 쓰면서 지난 20여 년 동안 만났던 10대들과의 만남이 크게 도움이 되었습니다. 일선 학교에서 진행하는 통일교육이나 NGO 민통선(민간인 통제 구역선) 봉사단을 통해 만난 10대들이 던진 질문과 대화는 항상 신선했습니다.

20대만 되어도 연장자나 체면을 생각해서 돌려서 말하는 경우가 많은데, 제가 그때 만난 10대들은 대부분 저에게 돌직구를 던졌습니다. '북한 하면 처음 떠오르는 단어는 뭐예요?'라는 질문에 '전쟁' '공포' '핵', 이런 답을 예상했던 저에게 주저 없이 '그냥 재수 없어요.'라는 한 학생의 대답이 아직도 기억에 생생합니다.

처음에는 "세상에 불만이 많은 학생이구나."라고 생각했는데 이 대답이 보통 10대 생각이라는 것을 얼마 안 지나 깨닫게 되었으니까요. 현재 저와 함께 사는 만만치 않은 10대 딸들과 집밖에서 만난 10대들에게 이 책이 도움 되기를 바랍니다.

책을 쓰는 내내 무한한 응원을 해주면서도 '아재 개그는 안 통해', '라때는 말이야'가 너무 많다며 날카로운 돌직구를 날려준 내 삶의 영원한 동반자인 아내에게 감사합니다. 40대 아재 문체가 그나마 젊어진 것은 아내 덕분입니다. 책 쓰는 동안 많이 못 놀아주었던 아빠를 이해해주고 아빠 책 많이 홍보하겠다며 홍보대사를 자처하는 내 삶의 이유인 사랑하는 네 딸들에게 감사합니다.

항상 만나 뵐 때마다 한없이 자상하시면서 새로운 가르침을 주시는 서울교대 김호성 전 총장님, 누구보다 10대를 좋아해 선생님이 된 최상권 경기도 장학사님 감사합니다. 그리고 이 책이 나올 수 있게 많은 지지와 응원을 아낌없이 주셨던 이경현 청파랑 대표님께 진심으로 감사드립니다. 이 책이 10대들의 많은 사랑을 받아 한반도 통일의 꿈이 활짝 펼쳐지길 소망합니다.

차례

제1부 재미있는 북한 이야기

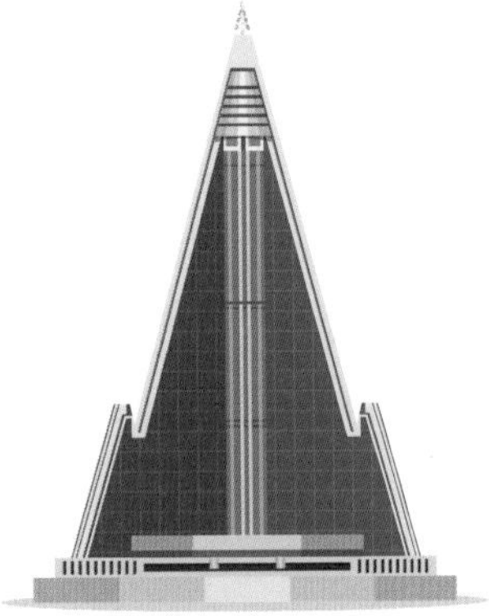

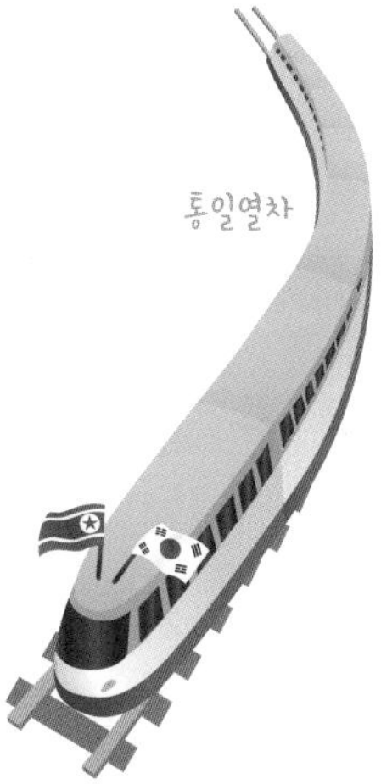

제2부 두근두근 통일 이야기

1925
1945

제1부

재미있는 북한 이야기

01 북한에도 유튜버가 있나요?

"싸이월드 주소 좀 알려주세요."

한 남한 남학생이 북한 여학생에게 용기 내어 물어봤습니다.

여학생이 당황한 목소리로 되물었습니다.

"사이 무슨 주소요?"

"북한에서는 인터넷 안 해요?" 남학생이 다시 물어봅니다.

이때 나이 들어 보이는 북한 남학생이 불쑥 대화에 끼어들었습니다.

"우리도 인터넷 합니다. 그런데 북한이 뭡니까? 교육 안 받았습니까?"

2005년 5월 봄날 금강산에서 만난 남북한 대학생들. 누가 남한 대학생인지 북한 대학생인지 구분할 수 있나요? ©라훈일 작가

순간 정적이 흘렀습니다.

굳어진 분위기를 풀기 위해 제가 나섰습니다.

"여기 경치가 아주 좋네요. 사진 한번 찍겠습니다. 김치 하시라요~ 김치"

2005년 어느 봄날, 남북대학생들이 함께 모여 금강산 삼일포 관광을 하던 중 벌어진 일이었습니다. 지금도 그때

찍은 사진을 보면 가운데 있는 다섯 명의 북한 대학생들과 주변의 남한 대학생들 어색한 미소가 잊혀지지 않습니다.

인터넷이 뭡네까?

남북대학생들의 대화가 왜 어색해졌을까요?

싸이월드는 그 당시 3,200만 명의 가입자가 있을 정도로 유명한 한국의 소셜네트워크서비스(SNS)였어요. 예쁜 북한 여학생을 만나 썸을 타보려고 했던 용감한 남한 남학생은 북한도 인터넷을 하니 싸이월드 미니홈피를 이용하고 있을 것이라 생각해서 '일촌(친구맺기)'을 신청하려고 했던 것이죠.

저도 어떤 북한 대학생에게 비슷한 질문을 했다가 당황했던 경험이 있었습니다. 이메일 주소를 알려달라고 했는데 이메일이라는 단어 자체를 모르고 있었습니다. 알고 보니 남북대학생 만남에 참석했던 100여 명의 북한 대학생들 모두 이메일, 인터넷 자체를 사용해 본 적이 없다는 것이었습니다. 북한은 인터넷과 관련한 어떤 이야기를 꺼내는 것에 아주 예민했습니다.

그 당시에도 인터넷은 전 세계 어디서나, 저개발 국가에서도 사용할 수 있었지만, 북한 주민 대부분은 인터넷에 접근조차 못 하고 있었어요. 북한 대학생들은 그들의 이런 폐쇄적인 모습이 알려지는 것을 싫어했던 모양입니다.

또, 그들은 분단국가를 나타내는 '남한, 북한'이라는 명칭을 아주 싫어했는데요. 대신 '이남, 이북'이라고 불렀습니다, '인터넷'과 '북한', 두 단어가 남북한 대학생의 대화를 어색하게 만들었던 거죠.

몇 년 후 북한을 다시 방문해서 어떤 북한 대학생을 만났는데 그는 "인터넷을 통해서 이메일도 보내고 자료도 검색한다."라는 말을 먼저 하였습니다. 인터넷이라는 단어를 쓰는 것조차 싫어했던 그들의 모습에 큰 변화가 있었던 것이죠. 그런데 아주 특별한 계층을 제외하고 현재까지도 북한 주민들은 인터넷에 접근할 수 없습니다. 단, 북한 내부에 한정된 '인트라넷' 을 통해 정보를 주고받을 수는 있습니다. 남한에서는 유해사이트를 제외하고는 인터넷을 통해 모든 국가와 기업, 단체가 개설한 홈페이지에 접근할 수 있지만, 북한에서는 인트라넷을 통해 북한이 만든 홈페이지나 특별히 인정되는 홈페이지만 접근할 수 있습니다.

★ 인트라넷
회사나 학교와 같은 조직 내부만 사용하는 근거리 통신망입니다. 즉 인터넷과 기술이나 통신 규약 면에서는 구성이 똑같지만, 외부와는 단절되어 있고, 오직 조직 내부에서만 작동하는 것이지요.
(출처: 천재학습백과)

북한에 유튜버가 있을까?

최근 10대들이 꿈는 장래 희망 1위는 '유튜버'라고 합니다. 10대뿐만 아니라 전 연령층에서 유튜버에 도전하고 있습니다. 자유로운 인터넷 기반을 통해 누구나 유튜버가 되어 나만의 방송을 만들고 돈도 벌 수 있는 시대가 되었죠. 코로나로 사람들 간 만남이 어렵다 보니 유튜브 열풍도 더해지고 있습니다.

그렇다면 북한에도 유튜버가 있을까요? 정답은 '있다'입니다. 있지만 크게 다릅니다. 유튜브를 하기 위해서는 자유로운 인터넷 접근이 필수인데요. 앞서 말했듯이 북한은 아직도 특별한 계층이 아니면 인터넷 접근이 제한되어 있습니다. 단, 전에는 인터넷 접근 자체를 막으려고 했

북한에서 운영하는 '우리민족끼리' 트위터 계정. 북한의 실시간 소식을 전하고 있다.

지만 김정은 위원장이 권력을 잡기 시작한 후부터는 인터넷을 적극 활용하기 시작했습니다. 북한을 대외적으로 홍보하기 위한 수단으로 말이죠.

대표적으로 북한을 세계에 홍보하는 홈페이지인 '우리민족끼리', 북한의 유일한 일간지 '로동신문' 홈페이지가 있으며, 심지어 대학교도 홈페이지를 통해 홍보하고 있습니다.

'우리민족끼리'는 트위터 계정도 개설하여 활발히 운영하고 있습니다. 북한의 유튜버도 이런 적극적인 대외홍보를 위해 탄생했어요.

북한에서는 누구나 유튜버를 할 수 있을까요? 앞에서도 말했듯이 유튜브를 이용하려면 인터넷 환경이 필수인데 북한의 인터넷은 특별한 계층만 허락됩니다. 따라서 북한 유튜버도 당연히 특별한 계층일 수밖에 없으며 북한 정부에서는 이들을 철저히 관리하고 있어요. 북한이 살기 좋고 절대 이상한 나라가 아니라는 것을 홍보하기 위해 북한 정부가 유튜브를 활용하는 것이지요. 결론은 '누구나 유튜버가 될 수는 없다.' 입니다.

북한 유튜버가 떴다!

2019년 말 젊은 북한 여성이 유튜버로 등장해 화제가 되었습니다. 'Echo of DPRK'라는 이름으로 시작한 해당 채널은 'Echo of Truth'로 이름을 바꾸어 정기적으로 영상이 올라왔는데요. '은아'라는 이름의 젊은 여성이 유창한 영어로 자연스럽게 진행하는 모습이 눈에 띄었습니다. 그녀가 북한말을 쓰지 않고 영어를 쓴 것을 보면 북한 주민 대상이 아닌 대외홍보를 위한 것임을 알 수 있었습니다.

하지만 지금까지 북한 정부에서 만든 뻔한 홍보용 영상과 달리 유튜버 '은아'는 평양의 자연스러운 풍경과 일상을 차분하게 소개했고, 사람들의 관심도 높아져 구독자가 5만 명이 넘었습니다. 은아는 유창한 영

북한에서 운영하는 'Echo of Truth' 유튜브 채널의 진행자 '은아'

어, 세련된 복장, 안경을 낀 학구적이며 신뢰감이 느껴지는 외모로 많은 사람에게 호감을 주었지요.

은아는 평양 시내를 돌아다니며 다양한 곳을 소개합니다. 횟집에서 물고기를 직접 잡아달라고 할 때도 있고, 운동복을 입고 대동강 주변을 뛰기도 합니다. 그런데 신기하게도 외국 언론사에서 북한에 대한 안 좋은 기사가 올라오면 곧바로 그 기사와 관련한 곳이 소개되는 경우가 많았습니다.

보통 방송을 촬영하는 장소는 평양인데, 어느 날 갑자기 평안남도 순천이 나옵니다, 순천 인비료공장은 얼마 전 김정은 위원장이 준공식에 참관한 곳이었는데, 은아는 그 공장 앞에서 곡물 생산을 늘릴 희소식이 나왔다고 소개합니다.

나중에 알고 보니 그 비료 공장이 핵무기 개발과 관련이 있을 수 있다는 외신 보도가 있었는데요. 은아의 순천공장 소개는 그 보도 이후 나온 것이었죠. 또, 북한에 코로나가 많을 것이라는 보도가 나오면 뒤이어 은아는 평양 내부의 방역하는 모습과 마스크를 쓰고 손을 씻는 주민들을 보여줍니다. 코로나에 차분히 대응하는 모습을 세계에 보여주며 외신보도에 대응하는 것이죠.

또 다른 유튜브 채널로는 'New DPRK'가 있습니다. 개설 초기에는 중국 사람을 대상으로 만든 것으로 생각될 정도로 자막이 중국어로 되어 있었고 진행자도 한 명이 아니라 여러 명이었습니다. 그 중 '지원'이라는 20대 초반의 여성은 북한 내부의 다양한 일상을 보여주었는데요. 평양의 대동강 이동식 양어장, 치과, 패션디자이너, 새로 지은 아파트부터 황해도 제철소, 모내기하는 시골까지 완전 버라이어티 쇼입니다.

저는 무엇보다 지원이가 태권도장에 간 영상을 보고 뿅 갔습니다.

호신술을 배운다고 하면서 직접 태권도복으로 갈아입고 남자 사범들과 태권도 연습을 하는데, 정말 최선을 다합니다. 괴한이 납치하려고 할 때를 가정해서 나래차기(날아차기)를 하는데 제법 발이 높습니다.

어린이도 가끔 이 채널에 등장합니다. 초등학교 진학을 앞둔 '리수진(7세)'이라는 아이가 나오자 구독자가 2만 명 가까이 늘고 큰 인기를 끌었습니다. '리수진 1인 TV'라는 부제를 붙인 영상에서는 피아노도 능숙하게 연주하기도 하고 초등학교 들어가기 전 일곱 살 어린이의 귀여운 일상을 보여줍니다.

그러나 위에서 말한 것처럼 은아, 지원, 수진이를 일반적인 유튜버라고 하기에는 어려울 것 같습니다. 개인 유튜버보다 북한 정부가 운영하는 유튜브 채널의 진행자라고 보는 것이 정확하겠죠. 북한에서는 인터넷에 자유롭게 접근할 수 있는 고위 간부라 하더라도 개인이 유튜브를 운영할 수는 없거든요. 남한을 비롯한 전 세계 대부분 나라의 국민이 얼마든지 유튜브 채널을 개설하고 영상을 올리는 것과 다른 모습입니다.

차단되는 유튜브 채널

북한의 유튜브 채널은 갑자기 차단되는 경우도 많습니다. 실례로 은아가 진행하는 'Echo of Truth'는 2020년 12월 유튜브 본사에서 갑자기 차단해서 현재는 볼 수 없습니다. 유튜브 측에서 발표한 차단 이유는 "유튜브는 적용 가능한 모든 제재와 무역관련 법 규정을 따른다."였습니다. 미국의 대북제재 때문인지, 북한 내부의 상황 때문인지 정확한 이유는 알 수 없지만, 북한의 유튜브 채널은 만들어졌다가 차단되는 것이 반복되고 있지요.

이 시점에서 이런 의문이 듭니다. 북한에서는 언제쯤 자유롭게 활동하는 유튜버가 나올 수 있을까요? 그리고 지금까지 나온 북한 유튜버는 모두 여자였던 것 같은데, 북한 남자 유튜버는 언제 나올까요? 아주 궁금합니다.

함께 얘기해봐요

1 북한에서 남자 유튜버가 없는 이유는 무엇일까요?

2 북한 주민들이 남한의 유튜브 채널을 자유롭게 볼 수 있다면 가장 인기 있는 유튜브 채널은 무엇일까요?

3 평양의 일상적인 모습을 보여주는 유튜브 채널을 통해 북한이 얻을 수 있는 이익은 어떤 것들이 있을까요?

02 북한 사람도 썸 타고 연애결혼 하나요?

10대는 질풍노도의 시기라고 하죠. 이성에 대한 호기심이 부쩍 늘어나 썸 타면서 웃기도 하고 울기도 합니다. 자연스레 어떤 사람과 결혼할지 상상도 많이 합니다. 나중에 백마 탄 왕자나 숲속의 공주가 나타나지 않을까 설레기도 합니다. 아이돌 노래 가사 대부분이 '연애', '사랑' 이야기인 것만 보더라도 10대들의 마음을 알 수 있습니다.

학교에 가서 통일교육을 할 때 가장 열심히 듣는 부류가 있습니다. 바로 남자 고등학생들인데요. 빨리 통일이 되어 군대 가지 않으면 좋겠다는 마음도 있고, 남남북녀(南男北女)라는 얘기가 있어서인지 북한 미녀들에 대한 궁금증도 많습니다. 북한에서는 어떻게 썸을 타는지, 자유연애가 가능한지, 결혼은 어떻게 하는지에 대해 많이 물어보더군요. 북한 젊은이들의 사랑 방식이 남한과 어떤 차이가 있는지 한번 볼까요?

★ 남남북녀(南男北女)
예전부터 우리나라에서 남쪽 지방(地方)은 남자(男子)가 잘나고, 북쪽 지방(地方)은 여자(女子)가 곱다는 뜻으로 일러 내려오는 말

남한과 북한이 마주보고 있는 두 가지 차이

북한 젊은이들의 썸, 연애, 결혼을 잘 이해하려면 남한과 북한의 다른 점을 알아야 할 것 같네요. 과거 한국전쟁 시기에는 남한과 북한이 사회경제적으로 비슷했지만, 시간이 지나면서 점점 많이 달라졌는데요. 첫째는 집단이 개인에게 미치는 영향력, 둘째는 경제력에 차이가 생겼어요.

개인의 자유와 선택을 존중하는 남한과 달리 북한은 집단이 우선입니다. 이것은 썸, 연애, 결혼에도 비슷하게 적용되지요. 예를 들어, 북한에서의 결혼은 선택이 아니라 거의 의무랍니다. 다 큰 처녀총각이 결혼을 안 하면 국가에서 배급을 주지 않거든요. 옷도 안 주고, 집도 안 주고, 쌀도 안 줍니다. 그리고 상대자 선택은 개인의 의견보다 부모와 가족의 의견이 매우 중요하고요.

반대로 이혼을 하려면 국가가 나서서 막습니다. 아예 이혼절차를 아주 복잡하게 만들어서 중간에 포기하게 만들죠. 이혼하려는 사람에 대해 엄청난 죄책감과 부담감을 주기도 하고요. 영화나 TV드라마에서도 간혹 이혼하려는 부부가 나오는데, 어느 정도 방황을 하다가 이를 반성하고 다시 가정의 품으로 돌아가는 해피엔딩을 주로 보여주지요.

두 번째, 남한의 경제력은 세계 10위(GDP, IMF 기준)인데, 북한은 120위 정도로 아프리카 짐바브웨나 모잠비크와 비슷합니다. 사실 6·25전쟁 직후엔 북한이 남한보다 더 잘 살았어요. 6·25전쟁으로 남한 산업시설이 거의 파괴되어 남한은 세계에서 가장 가난한 나라였거든요.

★ GDP(국내총생산)
한 나라의 가계, 기업, 정부 등 모든 경제주체가 일정기간 동안 생산한 재화 및 서비스의 부가가치를 시장가격으로 평가하여 합산한 것

★ IMF(국제통화기금)
1945년 세계무역 안정을 목적으로 설립한 국제금융기구

하지만 우리나라가 공업화를 거치면서 70년대부터 북한의 경제력을 추월했습니다. 경제력 차이는 곧 사회문화 전반의 차이로 확대되었어요. 현재 남한은 대부분 분야에서 북한보다 40년 앞서가고 있어요. 현재의 북한은 남한의 1980년 이전과 비슷한데 이 모습이 연애와 결혼에서도 나타납니다.

예를 들어 얼마 전까지는 북한 사람이 결혼할 때 부모님을 통해 선을 보거나 심지어 사진만 보고 결혼식을 하는 경우도 많았답니다. 지금 여러분들 생각으로는 "어떻게 그럴 수 있어?", "역시 북한은 정말 이해가 안 된다."라고 할 거예요. 하지만 그거 아세요? 우리 할머니 할아버지 세대에서는 그렇게 결혼하는 사람들이 많았어요. 경제가 발전하면 도시로 많은 사람이 이주하고 대가족이 핵가족으로 분화하면서 가족 중심의 문화와 풍습이 개인 중심으로 변화하면서 우리의 결혼 풍습도 변하게 된 거죠. 어떻게 보면 남한과 북한의 차이라기보다 과거와 현재의 차이로 이해하는 것이 더 맞을 것 같네요.

여러분들은 과거에 태어나지 않은 것을 다행이라 생각하고 있겠죠?

북한 사람도 썸을 탈까?

그럼 본격적으로 현재 북한 사람들의 썸에 대해 알아봅시다.

먼저 북한 사람들도 썸을 탈까요? 답은 '쉽지 않다.'입니다. 실망하셨죠. 여러분들의 탄식이 제 귀에까지 들리는 것 같네요.

썸이 뭔가요? 상대가 나를, 아니면 내가 상대를 좋아하는 것을 내색하지는 않아도 느낌으로 살짝쿵 아는 거잖아요. 이런 난이도의 감정선은 남녀 두 사람만 있는 상황이 있어야 확인이 가능한데, 북한 젊은이들은 그런 시간과 공간을 갖기 어렵습니다. 어딜 가나 떼로 다녀야 하거든요.

20년이 더 지난 것 같은데요, 중국 북경에서 북한 대학생들과 만리장성, 자금성 관광을 함께 한 적이 있었습니다. 그때 저를 포함한 남한 학생들은 말로만 듣던 만리장성과 자금성 구경을 자유롭게 했어요. 만리장성 돌을 자세히 보기도 하고, 자금성 내부지도를 보기도 하고 저마다 관심사가 다르더군요.

그런데 난생처음 만난 북한 대학생들은 어땠을 것 같아요? 절대 혼자 다니는 법이 없었습니다. 오호담당제(한 명이 다섯 가구를 감시하는 제도)처럼 대여섯 명이 꼭 무리를 지어 다니더군요. 화장실에 들어갈 때 빼고는 늘 같이 무리를 지어 다녔어요.

물론 이때는 남한 대학생들과 함께하는 특별한 행사 중이라 평소보다 엄격했을 겁니다. 북한 안에서는 그 정도는 아니었겠죠. 지금은 20년의 세월이 지났기에 더 자유로워졌습니다. 그렇다고 이성과 자유롭게 다니고 숨어서 대화할 정도는 아니죠. 그래서 북한에서 썸 타는 것은 아무리 잘생기고 예뻐도 참 어렵습니다.

게다가 썸 타는 것이 어려운 절망적인 이유 하나가 더 있습니다. 썸을 많이 타는 세대는 10대에서 20대의 젊은 세대들이잖아요? 그런데

북한 남학생들은 고등학교를 졸업하자마자 군대에 가야 합니다. 대학을 가더라도 군대를 다녀온 뒤 갈 수 있어요. 그리고 기간이 무려 10년이나 됩니다. 청소년이 입대하여 아재가 되어 제대하는 것이죠. 북한 10대들이 아무리 썸

북한 평양의 남녀가 함께 춤을 추는 야외 무도회
ⓒ스테판

타고 싶어도 체제가 막고, 세월이 막는 것이죠.

그래도 사람 사는 곳은 어디든 틈새시장은 있죠. 최근에 탈북한 북한이탈주민들의 얘기를 들어보면 여러 틈이 생겼다고 하더군요. 극소수이지만 바로 대학에 입학하는 고위층 자녀 간에는 썸을 타는 경우가 꽤 있는 것 같습니다. 남학생들은 지나가는 여학생의 발 근처에 작은 돌을 툭! 던져 자기를 쳐다보게 하는 방법을 쓰기도 하는데, 상당히 손이 오그라드는 방법이죠. 그러다가 느낌이 온다 하면 여학생에게 다양한 방법으로 접근해서 "지금 친한 사람 있니?"라고 물어봅니다. 여학생이 없다고 하면 "우리 친하자."라고 하면서 연애가 시작됩니다.

참고로 북한에서 '친한 사람'은 사귀는 사람을 의미합니다. 나중에 북한 사람을 만날 때 "저 친한 사람 많아요."라고 얘기하면 엄청 많은 오해를 받을 수 있다는 거 명심해야 합니다.

자유연애냐 중매냐

김정은 위원장과 그의 아버지 김정일 위원장의 큰 차이 중 하나가 배우자의 언론 노출입니다. 김정일 위원장 시절에는 외교 관례상 부부가 함께해야 하는 행사에도 김정일 위원장 혼자 나왔어요. 2000년 역사상 최초의 남북정상회담 때 남한은 김대중 대통령과 이희호 여사가 함께 다녔지만, 김정일 위원장은 계속 혼자였습니다.

이와 달리 김정은 위원장은 배우자인 이설주 여사와 함께 다닐 때가 많습니다. 심지어 겨울에 고위 간부들과 백두산에서 말 타는 것까지 부부가 함께 다녔죠. 최고지도자 부부가 함께하는 모습은 북한 젊은이들의 자유연애와 애정표현에도 영향을 주고 있는데요. 북한도 과거와 비교해보면 자유연애가 많아지고 애정표현도 과감해지고 있다고 합니다.

2018 남북정상회담의 부부 동반 기념사진
ⓒ청와대

곱게 차려입은
북한의 신랑 신부 모습
ⓒ스테판 크라소프스키

그래도 북한은 여전히 중매결혼이 많습니다. 10년 군 생활 후 제대하면 20대 후반인데, 이미 결혼적령기에 도달하는데요. 차분하게 연애할 사이도 없이 빨리 결혼하라는 가족의 성화에 못 이기는 것이죠. '이 사람이 좋다.'면서 부모님이 받아온 사진을 보고 첫 만남을 하고, 남녀가 동의하면 약혼식을 하고 뒤이어 결혼식을 준비합니다. 이렇게 결혼하게 되는 경우가 대부분입니다.

약혼식과 결혼식의 규모나 시기는 지방마다 약간 다른데 평양에서는 웨딩드레스를 입고 현대식으로 결혼을 하는 사람들이 많아지고 있고, 지방은 아직 전통 혼례를 많이 합니다. 어떤 지방은 사진을 보고 약혼식을 가진 뒤 남자가 여자 집에서 3일 정도 체류하고 검증을 받는 풍습도 있어요. 처가 집에서 나무도 패고 농사일도 도우면서 사람 됨됨이가 어떤지 본다는 거죠.

사실 이런 풍습은 현재 남한에서 빨리 도입하면 좋을 것 같습니다.

딸만 있는 저로서는 사위 될 사람 됨됨이 못지않게 체력도 매우 중요하게 보는데, 장작 패는 모습만 봐도 체력이 좋은지 아니면 부실한지 대번에 알 수 있거든요.

일등 신랑신부는 누구

북한 결혼의 특징은 집안 배경이 같은 사람끼리 결혼한다는 겁니다. 특히 출신성분, '토대'라는 단어를 쓰는데 그게 다르면 아무리 남녀 당사자가 사랑한다 하더라도 결혼까지 가기는 어렵답니다.

출신성분이란 쉽게 말해 과거 김일성 주석, 김정일 위원장과 인연이 있는 집안을 의미합니다. 현재 김정은 위원장과 북한을 움직이는 고위층은 대부분 그런 집안의 자녀나 손주들입니다. 북한의 결혼은 그만큼 폐쇄적이죠. 개인보다 집단이 우선인 나라이기에 집단질서 범위 안에서만 개인의 자유, 사랑, 결혼이 허용됩니다.

사실 남한도 자녀가 결혼 상대자를 데려오면 부모가 이것저것 따지는 경우가 있긴 하죠. 정 아니다 싶으면 반대를 하기도 하고요. 하지만 자녀 이기는 부모 없듯이 자녀가 무조건 결혼하겠다고 하면 어쩔 수 없이 허락하죠. 그런데 북한에서는 집단의 허락 없이 당사자의 고집으로 결혼하는 것은 아주 어렵습니다. 남한과 북한의 차이가 여기에서 나타나는 거죠.

그런데 2000년대 들어 집안 배경을 극복하는 막강한 조건이 하나 생깁니다. 출신성분이나 토대가 평범해도 이것만 있으면 결혼이 가능하다고 해요. 바로 '돈'입니다. 북한도 '돈'이 있으면 이제 불가능했던 일이 가능해지는 나라가 되었습니다. 심지어 최고의 결혼 상대자는 보위부(남한의 국가정보원)같은 권력자에서 무역이나 장마당에서 돈을 버는 돈주(자본가)들로 변하고 있다고 합니다. 시사하는 바가 크죠.

최근 북한 로동신문 기사 중 눈에 확 들어온 것이 있었습니다. '현재 남한 젊은이들은 결혼하기 어려워 대부분 포기하고 절망하고 있다'라며 남한 젊은이들이 너무 불쌍하다고 남한을 '디스'하는 기사였습니다.

이 기사를 보고 살짝 황당하기는 하였습니다. "똥 묻은 개가 겨 묻은 개 나무란다."라는 옛말이 떠오르더군요. 요즘 남한 젊은이들이 결혼하는데 고민해야 할 부분이 많긴 하지만 북한 젊은이처럼 결혼하는 것을 원하는 사람은 아무도 없을 것 같거든요. 혹시 북한 사람들처럼 결혼하기를 바라는 사람이 있나요?

함께 얘기해봐요

1 남북교류가 활성화되어 북한 사람과 결혼할 수 있는 시기가 되었다고 상상해 봐요.
그때 마음에 드는 북한 이성이 있으면 결혼도 생각할 수 있을까요?

2 북한에서 집안 배경이 아주 좋은 경우는 어떤 것이 있을까요?
남한 언론에 나온 사람 중에 그런 사람이 있다면 이야기해 볼까요?

03 북한에 마트나 편의점이 있나요?

북한에 마트나 편의점이 있을까요? 북한은 국가에서 모든 것을 배급한다고 배웠기에 마트나 편의점이 없다고 생각하는 경우가 많습니다. 국가에서 왜 배급 하는지, 공산주의 뜻을 보면 알 수 있어요.

공산주의는 '공동생산', '공동분배'를 하는 체제입니다. 함께 일하고 똑같이 나누는 거죠. 생산은 국가가 매년 계획을 세워 품목과 생산량을 결정하기에 계획경제라고 부릅니다. 국가가 모든 것을 공짜로 배급해주는 체제인데 굳이 마트가 필요할까요?

공산주의 실패와 북한

그러나 결국 공산주의는 실패했고 대부분 자본주의로 전환하게 되었습니다. 이론으로는 가능할 것 같았던 공동생산, 공동분배가 실제로는 문제가 많았던 거죠. 열심히 일을 안 해도 똑같이 배급을 받으니 꾀를 내어 열심히 안 하는 사람이 생겼습니다. 그걸 보고 너도나도 열심히 안 하다 보니 생산량이 줄어들었던 거죠.

공산주의자들은 인간의 이기심이 이 정도일 줄 몰랐다고 변명하지만 인간의 본성을 무시하고 망상에 빠져있던 공산주의의 자연스러운 결말이지요. 직업 선택부터 먹고 싶은 음식과 양까지 국가가 결정해주는 공산주의는 본능적으로 자유를 추구하는 인간들에게 애초부터 맞지 않는 체제였던 것이죠.

그런데 공산주의라고 해서 다 똑같지는 않습니다. 자본주의 국가들이 다 똑같지 않은 것과 비슷하죠. 개인의 자유를 최대한 보장해주는 한국, 미국, 일본 등과 달리 북유럽의 자본주의는 사회적 약자에게 최소한의 삶의 질을 보장하고, 공동체를 강조하지요. 자본의 역할과 한계, 국가와 기업의 관계 등등 자세히 보면 세세한 부분에 다른 것이 많습니다.

북한의 공산주의는 그 원조인 소련(현재 러시아)이나 중국보다도 공산당이 더 마음대로 하는 체제랍니다. 러시아와 중국은 과거 공산주의를 버리고 새로운 모습으로 계속 변화하고 있지만, 북한은 여전히 그대로죠. 그러니 더욱 마트는커녕 동네 시장도 없을 거라는 추측은 무리가 아니죠.

북한에 편의점이 있었다?

그렇다면 정말 북한에 마트가 없을까요?

2000년대 초 금강산 관광이 활성화되었을 때 '훼미리마트'라는 편의점이 있었어요. 남한에서 올라간 관광객들이 버스를 타고내리는 곳에 '온정각'이라는 큰 건물이 있었는데 북한 특산품을 파는 가게 옆에 훼미리마트가 있었습니다. 저는 금강산을 다섯 번 정도 다녀왔는데 훼미리마트에 꼭 한 번씩은 들렀답니다. 이상하게 북한에 가면 남한에서 잘 마시지 않던 콜라가 항상 당겼어요.

▶ 개성공단의 '훼미리마트'
금강산과 개성공단에 있었던 편의점은 이제 남북경협 단절로 더이상 가볼 수 없다.
©Wikimedia Commons

개성에 갔을 때 콜라를 사러 편의점을 찾았는데 그땐 갈 수 없었어요. 개성에 'CU 편의점'이 여러 개 있었지만 대부분 개성공단 근처에 몰려 있었거든요. 저는 주로 개성 시내에 있었기에 코카콜라 대신 북한식 사이다인 '탄산단물'로 아쉬움을 달랬답니다.

금강산과 개성에 있었던 편의점은 금강산관광 중단과 개성공단 폐쇄로 더는 갈 수 없습니다. 어쩌면 두 곳의 편의점은 북한의 마트라고 하기는 어려울 것입니다. 일반 북한 주민들이 이용할 수 없는 특별한 지역에 있었고, 남한 기업이 관광객을 대상으로 영업하는 곳이었으니까요.

개성공단 남한 직원들이 종종 북한 노동자들을 위해 편의점에서 물건을 사서 나눠 주는 경우가 있었다고 합니다. 한 가지 재미있는 것은 개성공단 편의점 최고 인기 품목이 뭔지 아시나요? 그것은 바로 콜라입니다. 그다음 초코파이, 신라면, 맥심 모카골드였다고 하네요. 남한이나 북한이나 입맛은 비슷한가 봅니다.

북한 시장의 History

인류 역사에 물물교환이든 화폐를 사용하든 시장은 항상 존재했었죠. 공산주의 체제는 모든 국민을 동원하여 공동생산을 하고 그 생산품은 모두에게 공동분배를 하려고 했지만, 시장을 당장 폐쇄하는 공산주의 국가는 없었습니다. 시장은 공산주의 완성 전에 일시적으로 존속하는 '필요악'으로 완전히 없애지는 않고 작은 규모로 남겨두는 것은 괜찮다고 공산주의자들은 생각했습니다.

북한 김일성 역시 비슷한 생각을 했습니다. 특히, 6·25전쟁 직후 남한뿐만 아니라 북한도 초토화되어 제대로 된 시장은 존재하지 않았어요. 곳곳에 생필품을 팔고 사는 암시장 정도가 있었죠.

그러다 1960년대 들어와 김일성 나라가 된 북한은 본격적인 경제개발에 돌입합니다. 이 시기 북한 인구가 갑자기 늘어나게 되면서 국가배급이 일시적으로 중단되는 상황이 반복되면서 암시장의 규모가 조금씩 커지게 되었습니다. 그러나 북한은 군사무기 생산에 너무 많은 돈을 써서 경제가 나아지지 않고 더 어렵게 됩니다.

1970년대 본격적인 후계자로 나서게 된 김정일 위원장은 경제성장을 위한 돌파구를 찾게 되는데 그것이 '외화벌이'였어요. 이 시기에 북한의 자원이나 노동력이 본격적으로 해외로 나갔고 외화와 외국 제품들이 북한 암시장에 쏟아져 나왔습니다. 그러나 경제개발을 하려면 도로, 항만 등을 세우고 다양한 기술에 투자해야 하는데 북한은 군사력 발전에만 초점을 맞추고 군사 무기 개발과 100만 명 군인들을 유지하는데 돈을 쏟아 부었어요.

1990년대 접어들자 북한경제는 더 어려워지게 되었고 국가배급은

질과 양에서 전보다 더 떨어지게 되었죠. 특히 큰 홍수가 2년 연속 발생해서 북한경제는 직격탄을 맞게 됩니다. 경제만이 아니라 국가기능 전체가 마비될 정도였죠. 배급은 전면 중단되었고 배급만을 마냥 기다리던 북한 주민들은 많은 사람이 굶어 죽고 나서야 현실을 깨닫고 제 살길을 찾게 되었습니다.

식량을 찾아 국경을 넘는 탈북자가 대량으로 발생했던 것도 이 시기였습니다. 국경을 넘는 사람들을 막아야 할 북한군이라고 배급 사정이 다를 게 없었어요. 탈북자를 막기는커녕 그들도 배고파 국경을 넘나들곤 했었답니다.

이때부터 본격적으로 개인 텃밭에서 농사를 짓기 시작했고 먹다 남은 것은 다른 작물이나 중국에서 넘어온 쌀과 바꾸게 되었습니다. 이런 물물교환이 하나둘씩 가속도가 붙어 북한 전역에 수백 개의 장마당이 생기게 됐죠. 개인 텃밭이나 시장은 북한에서 오랫동안 금지되었던 것

▶ 북한 장마당
북한 지방에서 성행하고 있는 장마당의 모습
ⓒ우베 브로드레흐트

인데 북한 주민들은 '굶어 죽으나 맞아 죽으나 똑같은 상황'이었기에 더는 두려워하지 않았습니다.

시장에서는 처음에 주로 농작물이 거래됐는데 중국에서 건너온 의약품, 전자제품, 심지어 화장품 같은 사치품까지 그 종류가 점점 다양해졌습니다. 이렇다 보니 중국에서 물건을 가져와 판매하는 사람들이 점차 늘어나기 시작합니다. 이들은 일명 '돈주'라고 불리고 있는데 이 시기에 쌓은 부로 현재는 북한 사회를 좌지우지할 정도로 영향력이 커졌습니다.

2000년대 들어 국제 사회의 원조로 북한 식량 사정은 나아졌고 북한은 다시 예전처럼 개인 텃밭이나 시장을 제한하려는 몇 가지 경제조치를 실행하려고 했어요. 그런데 예상보다 강한 북한 주민들의 반발로 취소할 수밖에 없었답니다. 이미 시장경제의 단맛을 본 주민들을 과거로 돌아가게 하는 것이 그만큼 어려웠던 것이죠.

그래서 결국 북한은 자본주의의 꽃인 시장의 순기능을 어느 정도 인정하게 되었고 '모기장 이론'으로 시장 활성화라는 대세를 따르게 되었어요. '모기장 이론'이란 '어쩔 수 없이 문은 열지만, 모기장은 치고 연다.'라는 의미로 시장은 열지만, 자본주의라는 모기는 걸러내겠다는 것입니다. 물론 그것이 말처럼 쉬울지는 모르겠지만, 이때부터 중국의 마트와 편의점을 모방한 것이 북한에 하나둘씩 생기기 시작했어요.

북한 마트의 무한 변화

저는 2005년에 평양에 다녀온 적이 있습니다. 그때는 평양에 마트가 활성화되기 전이었는데요. 평양에 간 것은 처음이었는데, 다시 못 올 수도 있으니 그림이나 책, 기념품 같은 것을 많이 사고 싶어 관광객 입장이 가능한 상점은 꼭 들렀습니다.

그런데 상점 안으로 들어간 순간 아주 답답했습니다. 그 이유는 어떤 물건을 사려면 이것저것 직접 보고 살 수 있어야 하는데 샘플 몇 개만 보여주었기 때문이에요. 물건 대부분은 점원이 꺼내줘야 볼 수 있고 물건을 손에 들고 있는 점원의 부담되는 눈길을 받으며 살지 말지를 빨리 결정해야 하는 분위기였어요. 그 당시 대부분의 북한 상점은 그랬습니다.

다행히 최근 북한 매장은 물건을 직접 만지고 보면서 고를 수 있게

▶ 북한 평양의 마트
중국자본과 합작한 상점이 많으며, 상품도 대부분 중국산이다.
ⓒ스테판

바뀌었답니다. 운영 방식이나 상품 종류도 남한이랑 비슷하고 많이 사면 심지어 '주문송달 봉사(배달)'도 해줍니다. 북한에서는 '슈퍼마케트 종합상점'이라고 부르는데, 평양의 동 단위마다 최소 1개 이상씩 들어섰다고 합니다.

남한의 편의점이 처음 생길 때처럼 확산 속도가 빠른 것이 특징이죠. 크기는 남한의 대형마트 보다 작지만 웬만한 슈퍼마켓보다는 큽니다. 심지어 남한 대형마트에는 없는 '피복제작소'가 있기도 합니다. 이미 만들어진 옷만이 아니라 손님의 체형에 맞는 옷을 제작하는 양장점을 마트 코너에 둔다는 것인데 남한에 적용해도 괜찮을 것 같습니다.

또 하나의 특징은 상품 대부분이 중국산이라는 것입니다. 물론 남한에서도 'Made in China'가 많지만, 간단한 식료품을 제외하고는 거의 모든 것이 중국산입니다. 농축산물 빼고는 죄다 중국산이어서 북한에 공장이 아예 없나 싶을 정도입니다.

그런데 여기에는 한 가지 이유가 있습니다. 북한 '슈퍼마케트 종합상점'은 대부분 중국 자본과 합작해서 만들어졌다는 겁니다. 말이 합작이지 중국 왕서방이 와서 좌판 깔고 장사하는 것을 북한 정부가 밀어주고 있는 거죠.

▶ 평양 레스토랑의 메뉴판
예전에는 영문 상품명을 순우리말로 바꾸었지만, 지금은 보통 그대로 사용하고 있다.
©우리투어

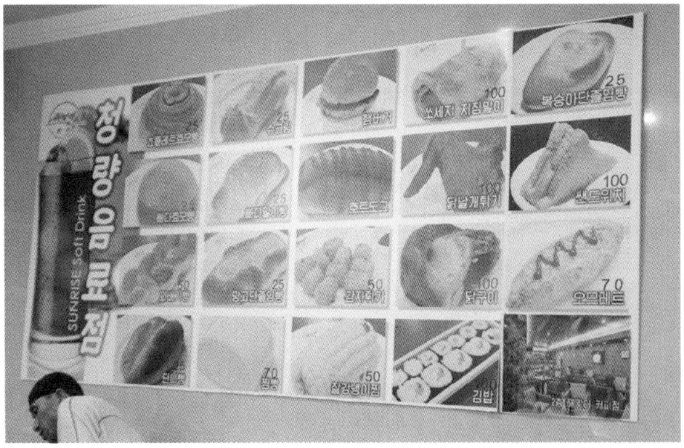

한편 상품의 영문 표기에 대한 거부감은 최근 많이 줄어들었습니다. 북한은 스포츠 경기에서의 영문표현도 어떻게든 북한말로 바꿔 사용하는 것으로 유명한데요. 예를 들어, 축구에서 코너킥은 구석차기, 페널티킥은 벌차기라고 말합니다.

이처럼 외국에서 들어온 상품은 어떻게든 북한말로 바꿔 표현합니다. 햄버거는 고기겹빵, 주스는 과일단물처럼 말이지요. 그런데 현재는 북한 마트에서 햄버거, 치킨부터 아스파라거스 같은 채소까지 남한과 비슷하게 영문 표기를 그대로 사용하고 있습니다.

한 가지 재미있는 것은 북한 주민도 중국 제품보다는 남한 제품을 선호한다는 것입니다.

남한 제품을 대놓고 팔지는 못하기에 주로 암시장에서 거래가 되는데 '아랫동네에서 올라온 것'을 물어보면 조용히 가져다줍니다. 남한 제품은 중국 같은 제3국을 경유해서 북한으로 들어가는데 화장품, 의약품같이 작고 비싼 상품들이 주를 이룹니다. 라면 하나를 먹어도 가장 비싼 남한 라면은 최고위층, 중국 라면은 고위층, 북한 라면은 중산층이 먹는다고 하니 남한 제품의 위상이 대단합니다. 김정은도 신라면을 먹어보았을까요?

언제쯤 바나나우유가 북한 마트에?

대학원에서 북한학 공부를 할 때였습니다. 항상 빙그레 웃고 다니는 동기가 있었습니다. 바나나우유로 유명한 빙그레의 직원인 그 동기는 북한에 바나나우유를 팔겠다는 포부를 갖고 대학원에 들어왔다고 했습니다. 남한에서 이미 1등 판매제품이지만, 북한에 그 절반이라도 팔 수 있다면 대박이겠다 해서 북한 공부를 하러 왔다는 것입니다. 제가 보기에도 북한 주민이 바나나우유를 한 번 맛보면 어떻게 될까 기대가 됩니다.

그런데 바나나우유가 북한 마트에서 팔리려면 두 가지가 필요합니다. 첫째는 남북관계가 좋아져야겠죠. 남과 북의 경제협력의 상징이었던 개성공단이 폐쇄된 상태에서 코로나19까지 기름을 부어 남북교류는 막혔습니다. 코로나가 잠잠해지고 남북관계가 좋아져, 바나나우유가 삼팔선을 넘어 북한에 올라갈 수 있는 정도는 되어야 마트에서 팔릴 수 있겠죠. 둘째는 북한경제가 나아져야 합니다. 평양을 중심으로 늘어나는 마트는 여전히 특권층만 주로 이용할 뿐 지방에서는 이용하기 어렵습니다. 통계상으로만 보면 남한 주민이 북한 주민보다 약 30배 정도 잘 삽니다. 즉, 남한은 바나나우유를 천 원에 사는데, 북한 주민은 3만 원에 사는 거랑 비슷하답니다. 3만 원짜리 바나나우유 생각만 해도 어마어마하죠? 결국 북한경제가 나아져 주민들의 구매력이 올라가야 바나나우유가 제대로 팔릴 겁니다. 북한의 아이들이 용돈을 받아서 마트에서 쉽게 바나나우유를 살 수 있는 그 날이 얼른 오길 바랍니다.

함께 얘기해봐요

1 남북교류가 활성화되어 북한에서 사업을 하게 된다면 무엇을 하고 싶나요?

2 북한의 경제 사정이 더 나빠져 대량의 탈북자가 생기면 남한에는 어떤 영향이 있을까요?

04 북한에도 아이돌이 있나요?

2018년 4월, 남한 가수들이 북한 평양에 가서 공연한다는 소식이 들렸을 때 어떤 가수가 올라갈까 궁금했습니다. 문재인 대통령과 김정은 위원장의 첫 정상회담을 앞두고 열리는 공연이기에 많은 사람이 관심을 가졌습니다. 과거에도 남한의 가수들이 북한에서 공연했던 것이 여러 번 있었지만, 남북교류가 오랫동안 없었으니 노래 부르는 가수도, 노래 듣는 북한 주민도 참 어색하겠다는 생각이 들었어요. 그래서 북한 주민이 편하게 대할 수 있는 연륜 있는 가수들이 가겠다고 예상했었는데, 뜻밖의 이름이 있어 깜짝 놀랐습니다. 그 이름은 바로 '레드벨벳'이었습니다.

레드벨벳이 북한에?

사실 저는 레드벨벳을 잘 몰랐습니다. 아재인 저는 아직 소녀시대가 가장 좋은 나이니까요. 제 딸들이 좋아하는 레드벨벳이 왜 북한에 가게 됐을까 생각해봤어요. 북한이 빨간색을 좋아하니 '레드벨벳'의 '빨간 맛' 때문에 선택되었나 싶기도 했습니다. 아무튼 평창동계올림픽 기간에 북한 선수가 '레드벨벳' 노래를 흥얼거렸다는 얘기도 있어 북한에서도 인기가 많구나 생각했습니다.

'레드벨벳'을 본 북한 주민들의 반응은 어땠을까요? 레드벨벳은 방송에서 "북한 사람들의 반응이 예상했던 것보다 좋았다."고 이야기했어요. 2000년대 초반 남자 아이돌 그룹인 '신화'가 북한 공연을 했을 때는 북한 주민들이 정자세로만 관람했다고 했는데, 이번에 박수는 많이 받았다고 하니 많이 나아진 것 같습니다.

여자아이돌 그룹이어서 그랬을까요? 그런데 '빨간 맛'이 인기 있을 줄 알았는데 오히려 'Bad Boy'를 부를 때 더 집중하고 관심을 보였다고 합니다. Bad boy를 누구라고 생각했을까요?

이날 공연 직후 김정은 위원장이 직접 나와 공연 팀들과 악수를 하면서 인사를 했습니다. 제가 보기에 김정은 위원장은 분명 '레드벨벳' 팬이었던 것 같습니다. 단체 사진을 찍을 때 '레드벨벳'의 위치가 김정은 위원장 바로 왼쪽이었던 것을 보면 알 수 있지요.

역사상 최초로 북한 최고지도자와 남한의 아이돌 그룹이 만나는 것을 보면서 자연스럽게 이런 궁금증이 생기지요.

'북한에도 레드벨벳 같은 아이돌이 있을까?'

북한 최초 아이돌

▶ 모란봉악단
북한에서는 생소한 하이힐과 미니스커트 차림 등 파격적인 모습을 많이 연출하고 있다. ⓒlast.fm

북한에도 아이돌이 있습니다. 북한 최초 아이돌은 '모란봉악단'입니다. 아이돌 이름치고 다소 촌스럽긴 합니다. '모란봉'은 평양에 있는 산봉우리 이름인데 서울 남산처럼 관광명소죠. 이 악단은 여성으로만 구성되어 있어서 북한판 원조 걸그룹으로 알려져 있는데요. 모란봉악단은 연주자와 가수로 역할을 나누어서 공연합니다. 이들은 2012년에 첫 공연을 했는데 몇 가지 이유로 큰 주목을 받았습니다.

첫째는, 하이힐과 미니스커트 차림의 화려한 옷차림이었죠. 북한은 여전히 여성의 옷차림에 보수적인 사회인데 그 비주얼 자체가 파격이었습니다. 둘째는, '팝송'이나 할리우드 영화 OST를 부르고, 무대 위에 미국 디즈니만화 캐릭터들이 배경으로 나왔다는 것입니다. 미국을 아주 싫어하는 북한으로서는 그전까지는 상상할 수 없는 모습이었죠. 이 모든 것들이 가능했던 이유는 오직 딱하나, 김정은 위원장의 허락이 있었기 때문입니다. 나름 스위스 유학파에 젊은 나이의 최고지도자가 최신식 악단을 만들어 운영하고 있음을 대내외에 알리고 싶었을 것입니다.

사실 북한에는 '보천보전자악단', '삼지연관현악단', '왕재산경음악단'같은 유명한 악단이 여러 개 있는데요. '모란봉악단'을 북한 아이돌의 시초로 보는 이유는 간단합니다. 기존 악단과 다른 파격적인 공연 방식과 함께 이에 열광하는 북한 청소년들의 큰 사랑을 받고 있기 때문이지요.

북한 TV프로그램은 생방송은 거의 없고 대부분 녹화방송인데 '모란봉악단' 공연은 여러 가지 버전으로 편집되어 방송되고 있습니다. '모란봉악단'이 나오는 시간에는 평양시내 거리가 조용할 정도로 본방 사수를 한다고 해요. 악단 멤버들은 골고루 인기가 많고 춤추는 가수만 아니라 악기 연주자까지 팬덤이 형성되어 있습니다.

자신이 좋아하는 가수나 연주자의 노래뿐만 아니라 헤어스타일, 옷차림, 제스처 등등을 따라 하는 것은 'BTS ARMY'만이 아니겠지요. '모란봉악단' 공연에 나온 하얀색 군복 치마, 브레이크 댄스, 무대 전체를 움직이는 동선 등은 다음날 북한 청소년들의 가장 중요한 대화 주제가 됩니다.

로동신문

그이 없인 못살아

▶ 로동신문
조선민주주의인민공화국을 대표하는 일간신문으로 발행부수는 2015년 기준 60만 부이다. 1945년 11월 1일《정로》(正路)라는 이름으로 창간되었고, 1946년 9월 지금과 같은 이름으로 제호를 변경했다. 조선로동당 중앙위원회의 기관지로, 신문사는 평양직할시 중구역 역전동에 있다. 지면은 매호 6쪽으로 구성되며, 조선중앙통신사의 보도를 인용하여 매일 발행된다.
©로동신문

닭살 돋는 '그이 없인 못 살아'

K-POP은 우리나라 청소년들만 좋아하는 것이 아니죠. BTS·블랙핑크 등의 인기는 국경을 뛰어넘습니다. 그런데 북한 아이돌 원조인 '모란봉악단'의 노래를 들어보면 북한 국경을 뛰어넘는 것은 조금 어려울 것 같습니다. 이들이 부른 노래 제목을 한번 볼까요?

'우리는 당신밖에 모른다' '그이 없인 못 살아' '자나 깨나 원수님 생각' '우리의 김정은 동지' '김정은 장군께 영광을' '아버지라 부릅니다'…

제목부터 아주 민망합니다. 특히 2013년 12월 21일 '로동신문'은 1면 전면에 '그이 없인 못 살아'라는 악보를 김정은 위원장 사진과 함께 실었는데, '우리의 운명 김정은 동지, 그이 없으면 우린 못 살아'라는 비장한 가사로 끝나는 노래 악보에는 '절절하게 부르라'고 적혀 있었습니다.

남한이나 다른 나라에서 이런 노래를 부르면 어떻게 될까요? 안 봐도 뻔하겠죠?

북한에 이런 종류의 노래가 많고 자주 불리는 것은 특이한 문화예술 정책이 있기 때문입니다. 최고지도자를 향한 자발적인 복종, 이것이 그 정책의 가장 중요한 목적입니다.

그런 의미에서 문화예술 정책은 역대 북한 최고지도자의 주요 관심사였습니다. 아이돌이나 문화예술을 순수하게 키우는 것이 아니라 정치적 선전을 위해 키웁니다. 김정일 위원장은 '음악은 나의 첫사랑'이라고 말할 정도로 음악에 조예가 깊었고 이를 북한 통치에 십분 활용하였고요. 김정은 위원장 역시 '모란봉악단'을 통해 그 효과를 톡톡히 보고 있습니다.

김정은 위원장의 부인인 이설주는 또 다른 악단인 '은하수관현악단'의 가수 출신이고, 최측근 중 한 명인 현송월은 '모란봉악단'과 '삼지연관현악단' 단장입니다. 이것만 보더라도 북한의 정치권력과 문화예술이 얼마나 가까운지 알 수 있지요.

북한판 기획사

'모란봉악단'에 들어간다는 것은 엄청난 인기를 얻는 것에서 끝나지 않습니다. 가문의 영광이기도 하지요. 명절 때가 되면 김정은 위원장 명의로 그 가족들에게 선물이 온다고 합니다. 북한은 어떤 식으로든 최

북한은 어렸을 때부터 문화예술 관련 영재를 발굴해 집중적으로 키운다.
ⓒLaika ac from USA

고지도자와 연결되는 것을 최고의 영광으로 생각하기에 그 선물은 단순한 선물이 아닌 거죠. 그렇기에 노래나 춤을 조금 한다는 학생은 대부분 '모란봉악단'에 들어가는 것을 꿈꾸게 됩니다.

그런데 이때쯤 궁금한 것이 하나 생기죠? 남한 아이돌은 전문기획사에서 배출되는데 북한 아이돌은 어떻게 만들어질까? 정답은 '국가가 만든다.'입니다. 북한에서는 특목고 같은 특수교육기관을 국가에서 운영하는데 그곳에서 '모란봉악단'에 들어갈 인재를 키웁니다.

북한은 컴퓨터, 체육, 외국어 등 다양한 특수교육기관이 있는데 그 중 예능 관련 대표적 기관으로 '금성학원'이라는 곳이 있어요. 금성학원은 1960년대부터 만들어진 기관으로 북한 전역에 예능 영재들을 초등학생 때부터 모아 가르칩니다.

금성학원은 초등·중등·고등·대학 과정이 있고 약 1,000명 정도 학생이 다니고 있다고 해요. 북한에서 '금성'은 김일성 주석을 상징하는 단어입니다. 최고지도자를 상징하는 학원인 만큼 입학하기 힘들지만, 졸업만 하면 출세는 보장됩니다.

그러나 금성학원은 나이를 먹으면 학년이 자동으로 올라가는 것이 아니라 엄격한 심사를 통해 다음 단계로 갈 수 있습니다. 어린 나이 때부터 치열한 경쟁과 피나는 훈련으로 큰 스트레스를 받아 중도 포기하는 학생들도 꽤 많습니다. 어쩌면 이런 면에서는 남한 기획사의 아이돌 배출과정과 비슷한 것 같네요.

저는 우연한 기회에 금성학원 학생을 직접 만난 적이 있었습니다. 6·15남북정상회담 한 달 전 남한에서 공연했던 '평양학생소년예술단' 학생들 대부분이 금성학원 출신이었거든요. 그때 행사 스태프를 하면서 공연장과 숙소에서 북한 학생들을 보게 되었는데 삼삼오오 친하게 지내는 모습이 같은 학원 출신이어서 그랬나 봅니다.

남한의 다양한 행사에 공연단이나 응원단으로 참석한 학생들 대부분 금성학원 출신입니다. 2005년 인천에 응원단으로 왔던 이설주 역시 금성학원 출신이죠. 금성학원 학생들은 주로 북한의 특수계층 자녀들이기에 남한에 왔을 때 그나마 덜 충격 받을 거라는 계산도 있었을 겁니다.

국가 아이돌의 한계

그런데 그렇게 인기가 많았던 '모란봉악단'이 2020년부터 공연장에 나타나지 않고 있어 세간에 관심이 집중되고 있습니다. 남한 아이돌처럼 신곡 준비를 하거나 멤버가 군대에 가서 활동을 잠깐 쉬는 것은 아닐 텐데요. 북한경제가 더 어려워진 상황에서 개발의 고삐를 당기는 긴장감 때문이라는 얘기가 있습니다. 코로나19 때문이라는 말도 있고요.

'모란봉악단'보다 4~5년 후 만들어진 '청봉악단' 같은 경우도 여러 얘기가 있습니다. '모란봉악단'이 화려한 공연으로 인기를 끌었다면 '청봉악단'은 우아함으로 이름을 날렸는데요. 어느 날 갑자기 해체되었답니다. '청봉'은 김일성 주석이 항일무장 운동을 했던 백두산 동남부 봉우리를 뜻하는데 그 청봉을 해체하다니, 손자가 할아버지를 너무 무시하는 것 아닌가요? 결국 국가가 만든 아이돌이라 사람들의 인기와 상관없이 정치적으로 해체가 된다고 하니, 국가 위주의 문화예술정책의 한계가 느껴집니다.

함께 얘기해봐요

1 인터넷에서 '모란봉악단' 공연 영상을 쉽게 볼 수가 있습니다.
영상을 한 번 보고 각자 어떤 느낌인지 얘기해 봐요.

2 남한의 드라마나 영화, 노래가 북한 주민에게도 큰 인기를 얻고 있는데요. 반대로 북한의 인기 있는 드라마나 영화, 노래는 남한 주민에게 어떤 반응을 받을 것 같나요?

05 북한에도 수능이 있나요?

북한에도 대학이 있습니다. 그리고 그 대학을 가기 위해 공부하는 학생들도 있겠지요? 북한에서 대학을 가기 위해서는 어떻게 해야 할까요? 그리고 북한에는 어떤 대학이 있을까요? 혹시 또 모르죠. 남북 간의 교류가 활발해지면 이 책을 보는 학생 중에 북한에 있는 대학에 다니는 학생이 있을지도요.

대학 이름도 특이한 북한

북한 대학 이름은 아주 단조롭습니다. 김일성과 관련 있는 사람 이름, 아니면 지역명, 둘 중 하나거든요. 김일성종합대학, 김형직사범대학, 김책공업대학은 사람 이름인데요. 김일성은 말 안 해도 알고, 김형직은 김일성의 아버지, 김책은 김일성 측근입니다.

남한도 국립대는 주로 지역명을 사용하는데 북한에도 평양외국어

▶ **김일성종합대학**
평양에 있는 조선민주주의 인민공화국의 국립대학이고, 1946년 10월 1일에 김일성을 기념하며 개교했다. 평양직할시 대성구역에 있다.
ⓒ데이비드 스탠리

대학, 원산농업대학, 희천공업대학처럼 지역명을 사용하는 대학도 있습니다. 다만 남한은 대학교 설립자의 '호'를 사용하는 경우는 있다 하더라도, 설립자 이름을 대학명으로 하는 경우는 극히 드물어요.

북한 명문대는 이름 아니면 평양이라는 단어가 들어갑니다. 특히 김일성종합대학은 북한 최고의 대학으로 제가 중국에서 처음 만난 북한 대학생도 대부분 김일성종합대학 학생들이었습니다. 북한에서는 '김대'라고 줄여서 표현하는데 남한에서 '연대, 고대, 이대'라고 부르는 것이랑 비슷하죠. 그런데 '김대'라고 하면 김형직사범대학, 김책공업대학 학생들은 헷갈리지 않느냐고 물어보니까, 김일성종합대학만 '김대'라고 표현한다고 합니다.

통일이 되어 김씨 성을 사용하는 북한 대학에 남한의 김씨들이 입학하려고 하면 가산점을 줄까요?

북한 교육과정

북한 학제는 여러 번 변화를 거쳤는데 가장 최근에 확정된 것은 12년제 전반적 의무교육입니다. 즉 유치원 1년, 소학교 5년, 초급중학교 3년, 고급중학교 3년으로 총 12년을 국가에서 교육합니다. 초급중학교는 남한의 중학교, 고급중학교는 남한의 고등학교입니다.

북한 교육과정은 남한과 비교해보면 상대적으로 국어와 수학 과목의 비중이 높습니다. 2008년부터 외국어는 오직 영어만 가르치는 친미(?) 국가가 되었습니다. 특이하게 '김일성과 김정일 혁명역사' 과목이 있는데 알려진 것과 달리 교육 시간이 많지는 않습니다. 다만, 점수가 낮으면 절대 안 되는 과목이죠.

초급중학교는 주당 수업시간이 32시간이고 남한이랑 비슷하게 16개 교과목 중 국·영·수 비중이 높습니다. 고급중학교는 22개 교과목으로 주당 수업시간이 34시간이고 영어·수학 비중이 높아요.

▶ 공부하는 평양학생들
북한의 대학진학은 입시 3년 전에 결정된다는 말이 있다.
ⓒ스테판

북한은 남한의 특목고와 같은 특별한 고급중학교가 특별시와 각 도에 있는데요. 남한의 과학고에 해당하는 제1중학교, 외국어학원(외고), 예술학원(예고)이 그것입니다. 북한의 대학진학은 입시 3년 전에 결정된다는 말이 있는데 평범한 고급중학교 출신들은 그만큼 입시에 어려운 환경에 있습니다. 남한도 특목고에 가서 대학입시를 준비하는 학생이 많지만, 북한은 이보다 훨씬 더 심해요. 그래서 남한보다 입학 관리가 허술한 북한이기에 권력이나 돈이 있는 부모들은 청탁을 통해 어떻게든 자녀들을 특목고에 보내려고 합니다.

어떤 대학에 갈지는 국가가 결정

그럼 본격적으로 북한 고3은 어떻게 대학을 입학하는지 살펴볼까요? 북한은 크게 예비시험과 본시험 2단계로 대학입학을 결정합니다. 예비시험은 학생이 대학에 입학할 자격이 있는지 확인하는 시험인데요. 하루에 다 시험을 보는 것이 아니고 이틀 동안 오전에만 봅니다. 시험과목은, 김일성과 김정일 혁명역사·국어·영어·수학·화학·물리 총 6개 과목입니다. 과목당 45분씩 5점이 만점인데 재밌는 것은 1등부터 꼴등까지 성적이 공개됩니다. 허걱….

이 예비시험의 합격률은 20%입니다. 20% 안에 든 학생들에게만 대학입학 자격이 부여되는데, 이 학생들은 각 대학 본시험을 준비하게 됩니다. 불합격한 학생들 중 남학생은 바로 군대에 가고, 여학생은 직장에 배치됩니다.

여기서 또 아주 황당한 것이 있는데요. 북한은 학생이 대학을 선택할 수 없다는 것이죠. 그럼 누가 선택하느냐고요? 국가에서 결정해서 알려줍니다. 믿지 못하겠지만 진짜입니다. 당 중앙 과학교육부에서 대학별 입학정원과 지역별 할당을 하면 그 할당에 따라 각 도 교육부에서 다시 각 시·군 교육부에 할당하는 체계입니다.

예를 들면 이렇습니다. 당 중앙에서 2021년 올해 ○○○종합대학 입학정원은 1,000명이고 500명은 평양, 100명은 함경북도, 400명은 황해도에서 뽑으라고 결정을 하는 거죠. 북한에서는 이 숫자를 '폰트'라고 부르는데 평양은 18개 구가 있으니까 구별로 20~30개 폰트를 갖게 됩니다. 구 교육부는 이 폰트에 맞는 숫자의 학생을 선택해서 그 대학 시험을 보라고 통보를 해주는 것입니다.

본시험은 학과시험, 체력장, 면접고사로 구성되어 있는데 학과시험이 가장 중요합니다. 체력장과 면접고사는 특별한 문제가 없으면 다 합격하니까 학과시험에서 최종 합격 여부가 결정되는 거죠. 본시험은 주관식이었는데 2015년 즈음 컴퓨터로 채점하는 객관식으로 바뀌었습니다. 틀린 답을 지우고 다시 써주는 비리가 워낙 많았다고 하니 이해가 됩니다.

컴퓨터 채점은 지방에 있는 학생이 평양에 있는 대학에 직접 가서 본시험을 보지 않아도 되는 편리함이 커서 좋은 반응을 얻고 있습니다. 북한은 여전히 교통사정이 아주 안 좋아서 지방에서 평양으로 시험 보러 가면 최소 이틀 이상 걸리니까요.

누굴 '김대'로 보낼 것인가

북한이나 남한이나 좋은 대학에 가고 싶은 것은 마찬가지죠. 북한은 어느 대학에 들어갈지 국가가 결정한다고 했는데 그 결정기준이 무엇인지 궁금하죠? 그것은 '출신성분, 정치조직 생활, 실력'입니다. 이 세 가지는 대학입시에만 국한되는 것이 아닌 북한사회 전반에 적용되는 법칙이죠. 출신성분은 직계 6촌까지 얼마나 좋은 가문인지 보는 것입니다. 김일성 주석, 김정일 위원장과 함께 활동한 가문이라면 무조건 만점이고, 6촌중에 자본가 탈북자 종교인이 있으면 무조건 탈락입니다.

출신성분으로 조선로동당에 대한 가문의 충성심을 평가한다면 정치조직 생활로 학생 개인의 충성심을 평가합니다. 이 학생의 평소 언행이 사상적으로 문제가 없는지, 소속 학교의 '사회주의애국청년동맹' 활동을 얼마나 열심히 했는지 점검합니다. 참고로 '사회주의애국청년동맹'은 만 14세부터 30세까지 모든 청년이 의무적으로 가입해야 하는 대표적인 사회단체입니다.

실력은 예비시험과 본시험 성적을 고려하여 평가하는데요. 본시험은 예비시험과 달리 합격자 점수를 공개하지 않습니다. 왜 그럴까요? 여기서 보이지 않는 손이 작동하거든요. 본시험 점수가 낮다 하더라도 출신성분이 좋은 고위 간부 자녀를 합격시키기 위해서예요.

현재 북한은 전 사회에 비리가 만연해 있지만 그나마 상대적으로 적은 곳이 대학입학 과정입니다. 나의 불이익은 참아도 자식들의 불이익은 참지 못하는 것은 모든 부모의 마음이기에 북한 정부도 부모들의 눈치를 보는 것 같네요. 이런 상황에서 보란 듯이 비리를 저지르기에는 위험부담이 아주 크기에, 점수를 비공개하고 성적이 안 좋은 고위간부 자녀를 몰래 입학시키는 거지요. 그래도 그들을 제외하면 나머지는 정당한 실력을 갖추면 일반주민 자녀들도 김대에 입학할 수 있어요.

그리고 입학시험 자격 숫자 분배는 평양과 지방에 비슷하게 줍니다. 즉, '김대'를 예로 든다면 한 해 입학생이 2,600명 정도인데 평양 고급중학교 1,300명, 나머지 지방 고급중학교 1,300명에게 입학시험 자격을 줍니다. 숫자가 비슷하다고 해서 '이건 그래도 평등하구나.'라고 생각하기 쉬운데 절대 그렇지 않아요.

서울에 인구의 1/4이 몰려있는 남한과 달리 평양은 북한 인구의 10%가 조금 넘는 280만 명밖에 안 됩니다. 그런 평양에 입학 정원 50%를 할당해준다는 것은 매우 불평등한 거죠. 결과적으로 평양 주민들에게 집중된 권력을 좋은 대학을 통해 자연스럽게 세습시키고 있다고 봐야 할 것 같네요.

▶ **수업중인 평양학생들**
북한 대학입시는 재수가 없으며, 남학생은 바로 군대에, 여학생은 직장에 배치된다.
ⓒ스테판 크라소프스키

단 한 번의 기회

평소에 성적이 아주 좋은 학생이 수능 보는 날 감기에 걸렸거나 컨디션이 아주 안 좋아서 망쳤다면 어떻게 될까요? 초등학생 기간은 빼더라도 중학생, 고등학생 6년을 준비한 것을 제대로 펼치지 못했다면 남한 학생의 경우 재수를 선택해서 다시 도전할 수 있겠죠. 그러나 북한은 재수가 없답니다. 본시험에 떨어지면 그것으로 끝입니다. 예비시험 떨어질 때처럼 남학생들은 바로 군대, 여학생들은 직장에 배치됩니다.

그런데 일부러 군 복무를 먼저 하고 대학에 입학할 때도 간혹 있습니다. 군대를 경험해야 당 간부가 될 가능성이 크기 때문이죠. 제가 처음 북한 대학생들을 만날 때가 생각나네요. 저와 비슷한 20대 초반 나이 또래를 만나는 줄 알았는데 절반 이상이 30대로 보이는 아저씨 대학생들이었거든요. 남한도 군대 다녀온 복학생이 있지만, 복무기간이 1년6개월과 10년의 차이는 너무나 큽니다.

북한 대학 재학생 비율은 바로 대학에 가는 직통생(북한식 표현)이 30%, 제대군인 60%, 직장인 10%입니다. 군 복무를 하고 대학을 가는 경우가 생각보다 비율이 높은데 북한의 모든 것이 그러하듯 이것도 고위가문 자녀만 적용됩니다.

남한과 북한 대학의 차이

▶ 북한 대학
북한 대학은 외국에 다녀올 수 있는 외국어나 무역관련 전공이 인기가 높다.

북한에는 대학이 대략 200여 개가 있습니다. 수험생들은 대부분 평양에 있는 대학을 선호하고 외국을 다녀올 수 있는 전공이 인기가 높아지고 있다고 합니다. 외국어나 무역관련 전공에 대한 경쟁이 치열한 거죠.

대학 교수의 사회적 처우는 남한과 달리 낮습니다. 남한 대학생들은 가끔 교수님께 쩔쩔매는 경우가 많은데 북한은 해당 과목을 가르치는 것 이상으로 교수님의 권한이 크지 않습니다.

북한에서 대학을 다니다 탈북한 후 북한대학원에서 공부하던 대학원 동기가 있었는데 그가 이런 얘기를 했습니다. 북한에는 '없는 것'이지만 남한에는 '있는 것'이 많은데 대학 안에서 세 가지 정도 있다는 거예요.

첫째는 '동아리'라고 하더군요. 남한 대학에는 다양한 취미나 관심사에 따라 동아리를 만들어 함께 하는데 북한에는 없다는 거죠. 남한 대학에 입학했던 초기에 동아리에서 남녀 대학생들이 아무 거리낌 없이 친하게 지내는 것이 너무 어색했다고 합니다.

둘째는 북한은 교내에서 절대 술을 마실 수 없는데 남한에서는 너무 자주 마셔 깜짝 놀랐다는 겁니다. 때로는 교수님과 함께 마시기도 해서 더 놀라기도 했고요.

셋째는 수강신청을 하느라 고역이었다고 합니다. 북한 대학은 수강신청이 없다고 합니다. 중고등학생 때처럼 어떤 과목을 공부해야 하는지 이미 다 결정되어 있습니다. 그런데 남한 대학은 심지어 같은 전공이라 하더라도 다른 수업을 들을 수 있으니 이해하기 힘든 것이죠.

남한이 북한보다 안 좋은 것은 별로 없었는데 수강신청 제도는 빨리 없애야 한다고 열변을 토하는 북한 학생들이 꽤 있습니다. 인기 있는 강의는 해당 정원이 빨리 마감하기 때문에 아침 9시부터 피시방에서 대기했던 기억이 떠올라 순간 저도 공감했지만, 그래도 대학은 대학다워야겠죠.

무엇보다 대학은 강의 선택에 자유가 있어야지요. 여러분들은 아직 주어진 시간표대로 공부하지만 이제 대학에 가면 자유롭게 강의 선택을 할 수 있을 거예요. 곧 고등학교에서도 대학처럼 학점제로 수업을 신청해서 듣는 시대가 온다는데 여러분들은 어떤가요. 주어진 시간표와 선택할 수 있는 시간표, 무엇이 더 좋을까요?

함께 얘기해봐요

1 북한 입시에서 마음에 드는 부분과 마음에 안 드는 부분이 무엇인가요?

2 남한 대학에는 없는데 북한 대학에는 있을 것 같은 것에 대해서 얘기해 봐요.

06 북한 주민도 자유롭게 여행할 수 있나요?

여러분들은 여행하면 뭐가 떠오르나요? 저는 당장 부산의 해운대, 전주의 한옥마을, 강릉의 경포대가 생각나네요. 범위를 해외로 넓히면 호주의 에덴이라는 도시의 피자가게에서 노을을 보며 피자를 먹던 기억이 납니다, 여러분들은 어디로 여행하고 싶나요? 일상의 답답함을 벗어나는데 여행처럼 좋은 것은 없을 겁니다.

누구나 하고 싶은 여행

그런데 여행은 돈이 많이 듭니다. 먹고사는데 여유가 없으면 여행은 꿈꿀 수 없죠. 해외 유명관광지에 가면 잘사는 나라 사람들이 많은 건 그 이유일 것입니다.

저는 어렸을 때 할머니 이야기 듣는 것을 좋아했는데 그 가운데 할머니께서 여행한 이야기는 들어본 적이 없습니다. 이유는 간단하죠. 할머니는 여행 자체를 해본 적이 없으셨습니다. 여행은커녕 하루하루 살아갈 길이 막막했던 삶이었으니까요. 우리 할머니만이 아니라 우리나라는 1980년대에 들어와서야 먹는 문제가 해결되면서 여행에 관심이 생겼습니다.

'88서울올림픽' 성공개최 이후 1989년에 '해외여행자유화' 조치가 실행되었습니다. 지금 생각해보면 좀 황당할 텐데요, 말 그대로 그전에는 해외여행의 자유가 없었던 거죠. 아무리 돈이 많아도 해외여행을 하려면 정부에 허가를 받아야 하는 시대였던 겁니다.

지금은 해외여행을 하려면 당연히 허가가 필요 없죠. 돈과 시간만 있으면 얼마든지 떠날 수 있습니다. 여러분. 그거 아세요? 우리나라 사람들은 경제력이 비슷한 다른 나라와 비교해보면 해외여행을 훨씬 많이 한다고 합니다.

역시 한민족은 풍류를 아는 민족입니다. 이러다 보니 남한의 여권 파워도 세계 상위권이죠. 비자 없어도 입국할 수 있는 나라가 많은 순위를 보면, 일본과 싱가포르에 이어 우리나라가 3등입니다. 대한민국 여권만 있으면 189개국의 나라를 비자 없이 입국할 수 있습니다.

제가 대학생 때 미국 여행 비자를 받으려고 종로에 있는 미국대사관에서 긴 줄을 섰던 기억이 납니다. 그런데 억울하게도 비자 심사에 떨어져 미국을 못 갔습니다. 그때 충격으로 한동안 맥도날드와 콜라를 멀리하는 반미운동에 매진했는데 지금은 비자 없이도 미국 여행을 갈 수 있는 나라가 되었답니다.

그렇다면 북한은 어떨까요? 우리와 같은 민족인 북한 주민들도 풍류를 알 터인데 그들도 여행을 많이 갈까요?

북한 언론에 나오는 여행지

북한 TV나 신문을 보면 종종 여행관련 뉴스가 나옵니다. 북한 강원도에 있는 원산 해수욕장은 부산 해운대보다 백사장이 자그마치 10배 정도 큰 대표적인 여행지이죠. 최근에 생긴 마식령 스키장도 현대식으로 건설하여 큰 인기를 끌고 있다고 합니다.

▶ 문수물놀이장
조선민주주의인민공화국의 평양직할시 대동강구역에 위치한 워터파크이다. 문수물놀이장은 김정은의 지시로 2013년 10월 15일 준공식을 했으며, 109,000m²의 면적에 27개의 미끄럼틀, 야외 물놀이장과 실내 물놀이장, 체육관 그리고 암벽 등반 시설 등을 갖추고 있다.
ⓒ스테판

릉라 인민유원지도 손꼽히는 여행지죠. 이 유원지는 서울 한강에 있는 여의도처럼, 평양 대동강의 '릉라도'라는 섬에 있습니다. 이 섬에 현대식 놀이기구를 대규모로 만들고 심지어 돌고래 수족관까지 만들었는데 김정은 위원장 집권초기 작품입니다. 준공식 때 그동안 베일에 가려져 있던 김정은 위원장의 아내 이설주가 처음으로 등장해서 덩달아 이 유원지가 더 유명해졌죠.

이뿐만 아니라 북한에는 전통적으로 유명한 여행지가 많아요. 금강산은 아주 유명한 관광지로 남북관계가 활발했을 때 남한에서도 한동안 많은 사람이 찾았던 관광지이죠. '금강산 찾아가자 일만이천봉, 볼수록 아름답고 신기하구나.'라는 가사의 동요 '금강산'도 있지요.

이런 금강산, 칠보산 등등 북한 주민의 대표적인 여행지가 가끔 북한 뉴스 화면에 나오는데 그 경치를 보면 가고 싶은 마음이 굴뚝같습니다. 저는 금강산을 5번 정도 다녀왔는데 여전히 또 가고 싶답니다. 갈 때마다 새로운 등산로와 경치를 구경할 수 있었기 때문에 항상 새로웠거든요.

▶ 금강산

강원도의 북부에 있는 명산. 기암괴석이 많고, 곳곳에 폭포와 못이 있어 경치가 매우 아름답다. 내무재의 서쪽을 내금강, 동쪽을 외금강, 바다에 솟아 있는 섬들을 해금강이라 부르며, 특히 외금강에는 신만물초, 구만물초, 내만물초가 있다. 높이는 1,638미터이다.

한번은 제가 금강산에서 만난 북한 안내원에게 오늘이 금강산 다섯 번째 방문이라고 자랑하니까 바로 혼쭐을 내더군요. 그래봤자 금강산의 1% 정도밖에 보지 못했으면서 자랑한다고요. 요즘에도 여행관련 북한 뉴스를 접하면 저를 혼냈던 그 안내원이 생각나면서 나중에 기회가 오면 6번째 금강산 관광은 어떤 길로 갈까 고민을 해봅니다.

이렇듯 북한 주민들이 여행하는 모습이 담긴 뉴스를 보면 여행에 있어서만큼은 북한도 자유롭나보다 하고 생각이 들기도 합니다. 북한 경제가 어렵고 북한 주민이 가난해서 해외여행은 못 한다 해도 북한 내의 금강산 같은 산이나 바다를 가는 것은 가능하지 않을까 하는 생각도 할 수 있지요.

그런데 현실은 언론에 나오는 것과 사뭇 다릅니다. 여행을 하는 사람이 있긴 하지만 북한의 다른 분야와 비슷하게 평양에 사는 소수의 특권층만 가능합니다. 북한 주민이 여행을 가지 못하는 이유를 경제적인 것으로 생각하기 쉬운데 그것만은 아닙니다. 여기에 한 가지 놀라운 이유가 숨겨져 있답니다.

강원도 고성 전망대에서
바라본 북녘 금강산 전경

여행하기 참 어려운 나라

북한은 전보다 나아지긴 하였지만, 여전히 식량부족 국가입니다. 코로나19로 무역 대부분을 차지하는 중국과 교역마저 끊어져 휘청거리고 있습니다. 미국을 비롯한 서방 국가들의 경제제재도 코웃음 치며 무시하던 북한이었는데, 진짜 위기가 온 것입니다.

이런 경제적인 비상상황 때문에 하루라도 일을 하지 않으면 당장 끼니를 걱정해야 하는 처지입니다. 여행에 드는 돈도 문제이지만, 여행하느라 하루를 쉬게 되어 돈을 벌지 못하게 되면 밥을 굶게 되니 여행을 가는 것이 쉽지 않습니다.

그리고 북한이라는 나라 자체가 여행하기 참 어려운 나라이기도 합니다. 기차, 버스 같은 대중교통이 별로 없고 그나마 있는 철도, 도로도 사정이 너무 안 좋기 때문이죠. 경제가 계속 어렵다 보니 새로 짓는 것

▶ 북한의 도로 공사
북한의 국도는 말할 것도 없고 주요 고속도로도 관리가 잘 안 되어 있어 차량 고장이 자주 발생한다. 사진은 작업 중인 북한 주민들
ⓒMike Connolly

은 고사하고 기존 철도, 도로 관리도 제대로 하지 못하고 있어요.

2019년 말에 북한 여행을 다녀온 영국인 친구를 만나 얘기를 한 적이 있었습니다. 평양에서 금강산 가는데 편도로 10시간 넘게 걸렸는데 정말 힘들었다고 합니다.

평양에서 금강산까지 가는 거리가 대략 330km 정도인데 10시간 걸렸다는 것은 도로 사정이 정말 안 좋은 겁니다. 거기다 버스가 계속 덜컹거렸는데 거짓말을 조금 보태서 가끔 머리가 버스 천장까지 닿았다고 하네요. 서울에서 380km 떨어진 부산까지 버스로 4시간 정도 걸리는 것과 비교하면 느낌이 확 올 것 같네요.

여행이 어려운 진짜 이유

북한 주민은 행정구역상 다른 시·도를 이동하게 될 때 무조건 여행증이 있어야 합니다. 경제적인 이유로 북한 주민들은 여행을 거의 못 간다고 했는데 '이건 무슨 얘기지?'라고 생각할 수 있을 것 같습니다. 여기서 남북한의 언어 차이를 발견할 수 있는데요. 남한에서는 여행이라 하면 산과 바다 같은 곳에 쉬거나 놀러 가는 것이죠. 북한에서의 여행은 '이동'의 의미가 더 큽니다.

★ 여행증(려행증)
북한의 제도이다.
북한 주민이 거주지를 벗어나 북한 내의 다른 지역으로 통행할 때는 려행증이라 불리는 허가증을 발급받아야 한다. 예를 들면, 거주지가 강원도인 사람은 려행증이 없으면 강원도를 빠져나갈 수 없고 나가려면 도경을 넘어도 된다는 허가증을 국가에서 발급받아야 한다는 것이다.

여행증을 받으려면 남한의 동사무소와 같은 지역인민위원회에 신청해야 하는데, 여행 목적, 기간, 구체적인 장소 등등을 밝혀야 해요. 어렵게 여행증을 받아 목적지에 도착하면 그 지역인민위원회에 또 신고해야 합니다.

그런데 이것만이 아닙니다. 일부 특수지역은 여행증만이 아니라 승인번호를 별도로 받아야 하는 더 어려운 절차가 있답니다. 다른 지역에 사는 사람들은 웬만하면 이곳에 들어오지 말라는 의미죠. 평양, 특수경제 지역(나진 선봉, 금강산관광 개발구 등), 군사시설 지역(자강도, 평북 원자력 지구, 함북 길주 지구 등), 접경지역 등이 이런 특수지역에 해당합니다.

이 글 서두에 제가 미국에 가려고 비자를 신청했던 얘기를 했었는데 북한은 국내 이동할 때도 그런 비자를 받는 격입니다. 요즘은 여행객 편의를 위해 국가 간 이런 비자 제도를 폐지하고 있는데 북한은 지역 간 이동에도 비자 같은 것을 받으니 얼마나 피곤할까요?

게다가 신청 후 여행증이 바로 발급되는 것이 아닙니다. 여행증 발급받는데 평균 10일 넘게 걸리고 정확히 언제 발급될지 모르기 때문에 교통, 숙식, 일정 등을 예약하는 것 자체가 어려운 거죠.

사정이 이렇다 보니 북한 주민들은 특별한 경우 아니고서 여행은커녕 다른 곳으로 이동하지 않습니다. 북한 이탈주민들과 얘기를 하다 보

평양에서 개성으로 가는 도로변. 북한에서는 다른 행정구역으로 갈때 여행증을 발급받아야 한다.

면 자신의 고향 외에 다른 지역에 대해 잘 모르는 경우가 많은데 이런 이유가 큽니다.

여행의 목적

북한 주민들은 여행이 아닌 이동을 위해 여행증 발급을 신청하는데 그렇다면 이동의 목적은 무엇일까요? 정답은 아주 쉽습니다. 생계, 즉 먹고 살기 위해서랍니다. 2000년대 들어 북한은 장사하는 사람들이 증가하고 있습니다. 과거에는 드러내놓고 장사하는 것이 불법이었지만 이제 너무 많아져서 국가가 통제할 수 있는 범위를 벗어났죠. 이런 분위기에 따라 여행증 발급행태도 달라지고 있습니다.

과거에는 까다로웠던 여행증 발급 역시 국가의 통제를 조금씩 벗어나고 있답니다. 북한은 어느덧 돈이면 뭐든지 되는 국가가 되어가고 있어요. 여행의 목적, 장소, 기간 등 과거에 제한되었던 것들도 많이 풀렸고, 심지어 승인번호가 있어야 들어갈 수 있는 평양도 웃돈을 주면 들어갈 수 있다고 해요.

그 외에 친척이 결혼하거나 아는 사람이 죽거나 등등 다른 지방에 사는 친지의 관혼상제에 참석하기 위해 여행증 발급을 신청할 때가 있습니다. 이럴 때는 차편이나 숙박을 알아보고 가야 하는데 여행증이 발급되는 날짜와 시간도 모르고 마냥 기다릴 수 없잖아요? 이럴 때 뇌물을 주면 10일 걸리는 것을 단 하루 만에 발급받을 수 있다고 하네요.

이렇게 여행증 발급과 관련한 비리가 만연하다 보니 점차 여행증 제도 자체가 자연스럽게 폐기되는 방향으로 가는 것 같습니다. 승인번호

★ 관혼상제
관례·혼례·상례·제례의 총칭으로 관례는 머리에 갓을 써서 어른이 되는 의식이다. 지금의 성인식이라 할 수 있다. 혼례는 혼인하는 예법, 상례는 상중(喪中)에 행하는 예법, 제례는 제사지내는 예법이다.

를 별도로 받아야 하는 지역을 제외하고는 지방과 지방 간 이동이 전보다 편해졌다는 얘기도 있답니다. 북한 주민을 강력하게 통제할 수 있게 해준 여행증 제도가 오히려 돈에 의해 통제를 받는 역설적인 상황이 되었습니다.

혹시 해외여행은?

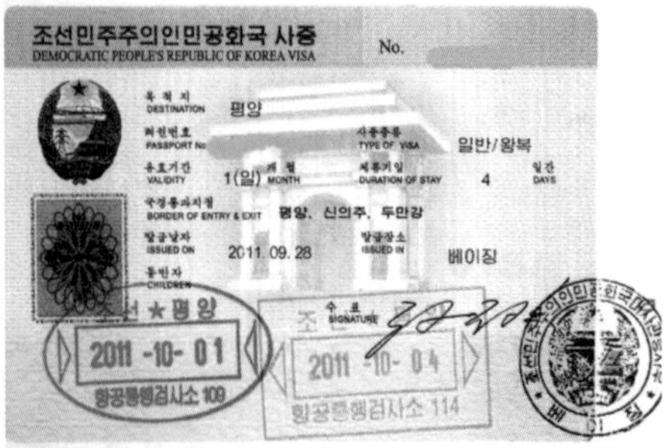

▶ 북한비자
베이징 주재 북한 대사관에서 발급한 북한 비자
ⓒ베이징 주재 북한 대사관

북한 국내 여행은 소수의 특권층만 가능하다고 그랬는데 해외여행은 어떨 것 같아요? 해외여행은 극소수의 특권층은 가능하다고 생각할 수 있을 것 같은데요. 그러나 실상은 특권층에도 없다고 보는 것이 맞습니다.

북한은 특권층이라 하더라도 김정은 위원장을 제외한 모든 사람은 국가로부터 철저한 통제를 받습니다. 김정은 위원장의 고모부 장성택 부위원장도 북한의 제2인자였지만 그 통제를 벗어날 수 없었죠. 해외는 국내와 달리 통제력이 미치기 어려운 곳이기에 여행은 불가능합니다.

그나마 해외에 갈 수 있는 사람은 외교관인데 그들 역시 발령받은 국가에서 여행은 꿈도 꾸지 못합니다. 그리고 북한 외교관이 해외로 발령받아 나갈 때는 그들의 자녀 중 한 명 이상은 무조건 북한 내에 남겨놓고 가도록 합니다. 해외에 나갔다가 다른 나라로 망명하는 외교관들이 생기자 그런 일이 일어나지 못하도록 자녀를 인질과 같이 이용해 외교관을 통제하는 거죠.

그럴 리는 없겠지만 만약 북한에 해외여행의 자유가 생기면 어떻게 될까요? 그때는 경제적인 여유가 있는 북한 주민은 자유롭게 해외여행을 할 수 있을까요? 아쉽지만 또 다른 문제가 있습니다. 북한 여권파워(세계 187등)가 너무 낮다는 사실이죠. 비자 없이 방문할 수 있는 나라가 7개 나라이고 중국과 러시아를 제외하고는 비자가 쉽게 발급되지도 않습니다.

결국 문제는 돈이 많거나 권력이 있어도 북한 여권을 갖고 들어갈 수 있는 국가가 거의 없다는 거죠. 북한이 핵과 미사일 실험을 하며 서방세계로부터 다양한 제재를 받는 것이 지속되는 한 이 상황은 바뀌지 않을 것입니다. 북한 주민들에게 여행의 참된 맛을 전수해줄 수 있는 날은 언제가 될지 그런 날이 빨리 왔으면 좋겠습니다.

▶ **조선민주주의인민공화국 려권**

조선민주주의인민공화국의 국적인 사람이 해외를 여행할 경우 필요한 여권이다. 다른 모든 국가의 여권과 같이 이름, 생년월일 등의 기본적인 신분 확인정보가 기록되어 있다. ©조선민주주의인민공화국 정부

함께 얘기해봐요

1 북한에 여행을 간다면 가장 먼저 가고 싶은 곳은 어디인가요?

2 만약 남한에 여행증 제도가 생긴다면 어떨 것 같아요?

07 북한은 대한민국 땅인가요?

학교에서 강의 중 쉬는 시간에 두 학생이 말싸움이 붙었습니다.

"북한 땅은 우리 땅이야."

"북한에 갈 수도 없는데 무슨 우리 땅이야."

다른 학생들도 두 팀으로 나뉘어져 갑론을박을 하고 있었습니다.

북한 땅은 우리 땅일까요? 아닐까요?

UN에서 인정한 유일한 한반도 정부 '대한민국'

대한민국 헌법 제3조는 남한 영토를 '한반도와 그 부속 도서'로 규정하고 있습니다. 한반도는 남한과 북한지역 전체를 뜻하기에 헌법상 북한 땅은 다 남한 것입니다. 우리가 흔히 북한 국민이라고 하지 않고 북한 주민이라고 하는 이유도 여기에 있지요. 북한은 국가가 아니기 때문에 주민이라고 표현합니다. 그런데 여기에서 법과 현실의 괴리가 벌어집니다. 법적으로는 남한 땅인데 남한 국민은 북한에 못가니까요.

국제법은 1, 2차 세계대전 이후 국가와 국제기구 사이에 벌어지는 다양한 분쟁 해결에 큰 역할을 하고 있는데 국제법에도 한반도의 유일한 합법정부는 대한민국이었습니다. 북한 땅과 관련된 국제법은 유엔과 관련이 있습니다. 한반도 전쟁이 끝난 후 1947년 유엔은 한반도 대표의 선출을 위한 총선거를 결정하였는데 김일성과 소련이 반대해서 한반도 남쪽만 선거를 했던 거죠.

유엔의 감시아래 치러진 남쪽의 선거 결과로 1948년 8월 15일 대한민국 정부가 수립되었답니다. 이에 뒤질세라 김일성은 그해 9월 9일 조선민주주의인민공화국을 출발시켰는데 유엔은 인정하지 않았습니다. 유엔은 남한은 합법정부, 북한은 불법단체로 본 것이죠. 그것도 소련의 비호아래 무장을 한 불법단체로요.

▶ 대한민국 정부 수립
1948년 옛 조선총독부 청사 앞에서 열린 대한민국 정부수립 선포식
©Wikimedia Commons

6·25전쟁 때 유엔창립 이후 처음이자 마지막으로 유엔군을 대규모로 보낼 수 있었던 것도 이런 정서가 크게 반영되었습니다. 유엔 감시아래 치러진 선거를 통해 탄생시킨 남한을 어디 감히 불법 무장단체가 침공했냐는 것이었죠.

남북한 UN가입이 가져온 영향

그런데 1991년 남한과 북한이 동시에 유엔회원국으로 가입을 하게 되었습니다. 이것은 유엔이 남한뿐만 아니라 북한도 하나의 국가로 인정했다는 것을 상징합니다. 남북한 유엔 동시가입이 잘못되었다는 것은 아니지만 국제법적으로 복잡해졌다는 것이죠.

예를 들어, 북한 정부가 갑자기 무너지면 앞으로 어떻게 될까요? 예상치 못한 붕괴가 일어나면 북한지역의 혼란을 빨리 통제해야 합니다. 대규모 약탈, 방화, 살인이 일어날 수 있기에 이를 막기 위한 군대가 들어가야 합니다.

그런데 '어떤 나라 군대가 들어가야 하나?'라는 문제가 생깁니다. 남한 국민은 북한이 무너지면 당연히 남한 군대가 북한으로 올라가 북한 주민들을 통제하고, 남한이 북한을 흡수하는 통일로 갈 것이라고 예상합니다. 북한 땅도 남한 영토니까요.

하지만 이에 대한 국제법적 근거가 미약합니다. 현재 유엔 관점의 국제법으로는 남한과 북한은 하나의 민족이어도 별개의 국가이기 때문입니다. 예상치 못한 북한의 붕괴시 남한 군대가 북한 땅에 들어가는 것이 어려울 것이라는 이유가 또 하나 있습니다.

6·25전쟁 직후 북한과 중국 간 체결된 '조중우호협력 및 상호원조 조약'이 그 주인공입니다. 이 조약의 핵심은 "일방이 무력침공을 당해 전쟁상태에 처할 경우, 상대방은 힘을 다해 지체 없이 군사 및 기타원조를 제공한다."라고 규정된 일명 '자동개입조항'인데요. 이 조약은 국가 간 체결한 것이기에 국제법으로 인정을 받습니다.

미국이 북한의 핵실험을 근본적으로 제거하기 위해 다양한 북한 선

조중우호협력 및 상호원조조약과 한미상호방위조약

조중우호협력 및 상호원조조약

- 조약 당사국 : 북한과 중국
- 조약 시기 : 1961년 7월 11일
- 체약 일방이 무력 침공을 당하거나 개전상태에 놓이게 되면 상대방도 지체 없이 군사 및 기타 원조를 제공한다.

한미상호방위조약

- 조약 당사국 : 남한과 미국
- 조약 시기 : 1953년 10월 1일
- 당사국 중 일국의 정치적 독립 또는 안전이 외부로부터 무력공격에 의하여 위협받고 있다고 인정할 경우 언제든지 양국은 협의한다.

제공격 시나리오를 만지작거리면서도 막상 실행하지 않는 이유 중 하나가 바로 이 조약 때문입니다. 양측의 대규모 사상자가 생기는 것도 문제이지만 지리적으로 훨씬 가까운 중국이 개입하면 상황이 복잡해지거든요. 자칫하면 미국과 중국을 비롯한 세계대전으로 번질 수 있기 때문이지요.

이렇듯 북한의 예상치 못한 붕괴가 일어나면 어떤 나라의 군대가 들어가야 할지, 그것이 남한 군대인지, 유엔군인지 아니면 주한미군인지, 중국군인지 명확하지 않습니다. 북한 땅을 두고 법과 현실, 국내법과 국제법, 국제법과 국제법 사이의 충돌이 큰데 이런 충돌을 어떻게 해결할 수 있을까요.

그것은 바로 남한 주도의 단계적 평화통일입니다. 그 방법에 대해서는 나중에 자세히 설명하기로 하고, 이 통일방안이 실현될 것을 가정하고 북한 땅에 대해 좀 더 알아볼까요?

공산당, 북한 땅을 점령하다

1945년 광복이 될 시점에 한반도 인구의 75%는 농민이었어요. 대다수가 남의 땅에 농사를 짓는 소작농이었죠. 김일성은 지지기반을 얻기 위해 토지개혁을 단행하였습니다. 땅을 많이 소유하고 있는 사람을 '지주'라고 하는데 지주의 땅을 모두 빼앗아 소작농들에게 분배했지요. 오래전부터 일제 강점기까지 유지되었던 이북 지역의 땅 주인이 하루아침에 바뀐 것이죠.

사실 김일성만이 아니라 공산주의를 채택하는 국가들은 대부분 초기에 토지개혁을 했습니다. 그런데 김일성은 너무 급진적이었어요. 다른 나라 공산주의 지도자들은 땅을 뺏더라도 돈으로 보상을 했는데 김일성은 무조건 뺏었습니다.

난생처음 땅을 갖게 된 농민들은 김일성을 향해 절대적인 지지를 해주었어요. 이로 인해 광복 직후 이북에서 기반이 없었던 김일성은 최고 권력자로 올라가게 되었죠. 그런데 이렇게 급진적으로 단행했던 토지개혁의 후유증은 바로 나타나게 되었습니다. 농작물 생산이 확 줄어들게 되었던 거죠. 6·25전쟁으로 모든 것이 파괴된 이유도 있지만 각자 작은 면적의 토지에서 농사를 짓다보니 생산력이 떨어진 것입니다.

농사를 잘 짓기 위해서는 작물뿐만 아니라 거름을 뿌려 땅을 기름지게 하고 병충해를 막는 등 신경 써야 할 것이 한두 개가 아닌데 한 사람이 작은 땅에서 이 모든 것을 하는 것은 비효율적이었습니다.

결국 이를 해결하는 방법으로 김일성은 농업 협동화를 실행하였습니다. 작은 땅을 갖고 있던 마을 사람들끼리 협동단체를 결성해 땅을 합쳐 함께 농사를 짓는 것이었죠. 이때 땅의 소유권은 개인에서 협동단체로 넘어가게 되었습니다.

현재 북한의 농지는 협동단체가 소유하는 협동농장과 국가가 소유하는 국영농장, 2가지 형태가 있는데요. 전체 농지 비율의 90%를 협동농장이 소유하고 있습니다. 이런 비율만 놓고 보면 북한의 농업은 국가보다는 협동단체에 의해 움직이는 것으로 생각할 수 있는데 현실은 그렇지 않습니다. 협동단체가 명목상 주민들에 의해 경영되고 있다고 하지만 국가에서 파견한 간부들의 지도로 움직이고 있기 때문이죠.

▶ **북한의 농업 협동화**
북한은 토지개혁 이후 생산력이 떨어지는 비효율을 줄이기 위해 협동농장 중심으로 농업 협동화를 실행했다.

농지를 제외한 땅은 굳이 거론할 필요가 없을 것 같습니다. 주택·일반토지·공업지대 등 땅 대부분은 국가 소유거든요. 북한의 농지 비율은 전체 국토의 약 20%이므로 나머지 80%가 이에 해당합니다. 참고로 남한은 현재 국가 소유 땅이 30% 이하입니다.

북한 땅 주인은 누가 될까?

향후 남한 주도의 단계적 평화통일이 되는 경우 북한 땅 주인은 누가 될지 관심이 많을 것 같습니다. 남한에는 북한에 살다 전쟁 통에 남한으로 피난 오면서 땅문서를 챙겨왔던 실향민들이 있는데요. 이들은 통일되면 누구도 북한에 있는 내 땅을 건들지 말라는 소유권 확인 소송을 하기도 했습니다. 북한에 있는 땅이지만 과거의 내 땅임을 현재 증명할 테니 미래에도 소유권을 인정해달라는 소송이었던 거죠.

반대로 현재 북한에 사는 남한 출신 주민이 남한에 있는 땅의 소유권을 주장한 소송도 있었지요. 6·25전쟁 전만 하더라도 개성은 남한 땅이었고 연천·고성·양양은 북한 땅이었는데 전쟁 후에는 뒤바뀌게 되었으니 소유관계가 매우 복잡해졌습니다. 그렇다면 소송 결과는 어떻게 되었을까요? '확인 불가능'으로 결론이 났답니다.

과거 땅문서가 버젓이 있는데 왜 확인이 불가능하냐고 판사에게 따졌지만, 소용이 없었습니다. 제 생각엔 북한 땅을 지금 달라는 것도 아니고 소유권만 확인하려는 것은 현실적으로 가능할 수 있을 것 같은데, 현실과 법은 북한과 관련한 문제에도 역시 차이가 있는 것 같습니다. 통일 후 북한과 남한에 땅 소송이 빗발칠 수 있을 것 같은데요. 우리보다 먼저 통일이 된 독일은 어땠을까요?

▶ 독일의 통일

제2차 세계대전 이후 냉전체제에서 미국 영국 프랑스와 소련의 연합국에 의해 동서로 분단되었다가 베를린 장벽이 붕괴된 다음 해인 1990년 평화적인 통일을 이루었다.

독일은 통일되는 순간 땅 소유권에 대한 소송이 빗발쳤고 실제로 주인이 바뀌는 경우가 많았습니다. 서독 주민이 옛날 동독지역에 살 때 갖고 있던 땅문서를 제출해서 수십 년 동안 그 땅에 살던 동독 주민이 쫓겨나는 경우가 꽤 있었어요. 독일은 우리와 달리 급진적인 토지개혁, 모든 자료가 유실되었던 전쟁, 장기간의 분단이 없었기 때문에 가능한 일이었습니다.

동독의 공기업들은 서독 자본가들에게 헐값에 팔리거나 파산처리가 되었습니다. 동독 땅이나 주택도 돈이 많은 서독 사람들에게 순식간에 팔렸지요. 이 과정에서 동독 주민들은 일자리를 많이 잃었고, 당장 먹고살기 힘들어 집이나 가게를 저당 잡혀 은행에서 돈을 빌렸습니다.

그러나 상황은 개선되지 않아 대출상환을 하지 못해 집이나 가게를 뺏기고 한순간에 거리로 내몰리며 장기간 사회문제가 되었습니다. 자본주의에 대한 경험이 없는 동독 주민들로서는 어쩔 수 없었던 것이었죠. 그렇다면 통일 후 북한 땅과 주택은 어떻게 처리가 될까요?

우선 북한 주민의 주택과 부속 토지는 현재 국가소유에서 통일 후 주민소유로 전환될 가능성이 큽니다. 이를 인정하지 않으면 더 큰 혼란이 올 수 있으니까요. 다만, 일정 기간 주택을 사고파는 것은 금지될 것 같아요. 자본주의 경험이 없는 북한 주민이 동독 주민처럼 헐값에 팔 수 있기 때문이죠.

그다음 북한 공업지대는 어떻게 될까요? 북한은 남한보다 자원이 훨씬 많기에 이와 관련한 기업과 공업지대가 많습니다. 이 중에 크기가 작거나 중요도가 떨어지는 공업지대는 점진적으로 민간에 팔게 될 것입니다. 군사시설 역시 마찬가지입니다. 현재 남북이 통일되면 북한 전역에 펼쳐져 있는 군사시설은 상당부분 불필요하게 되기 때문에, 많은 곳이 통폐합될 것이며, 일정기간 국가가 관리하다가 불필요한 곳은 민간에 팔게 될 것입니다.

가장 어려운 문제는 농지입니다. 국영농장이야 국가가 민간에 팔면 되지만 협동농장 처리가 복잡할 수 있겠지요. 앞에서도 말했듯이 북한의 협동농장은 개인이 가진 땅을 협동단체가 관리하는 개념이기 때문에 국가가 마음대로 처리하기 어렵습니다. 아마도 원래 주인에게 돌려준다면 가장 쉬울 거예요.

그러나 남한 농부들처럼 혼자 기계를 다루면서 농사를 지었던 경험이 없기에 실패할 가능성이 큽니다. 그리고 당장 먹고살 돈은 없으니, 얼마 지나지 않아 농지를 싸게 팔아넘기게 될 것이고 대량 실업사태가 벌어질 수 있죠. 그렇기에 북한의 농지는 개인에게 나눠주는 사유화를 하되 일정 기간 팔 수 없게 될 가능성이 큽니다.

결국 통일이 된다 해도 북한으로 이사 가서 살거나, 땅을 사는 것은 시간이 많이 지나야 할 것 같네요. 남한 기업이 상품생산 목적으로 땅을 사는 것은 가능하겠지만 개인은 꽤 긴 시간을 기다려야 할 것입니다. 그러니 북한 땅을 꼭 사고 싶은 사람은 먼저 기업을 설립할 계획을 세워보는 것이 좋겠지요? 이 글을 읽는 여러분들 중에 통일이 되면 가장 먼저 북한에서 사업을 하고, 거주하는 사람이 나오기를 기대해 봅니다.

함께 얘기해봐요

1 독일이 통일되었을 때 동독과 서독 사람들은 각각 어떤 생각을 했을까요?

2 당장 북한 땅 1,000평을 살 수 있다면 어느 곳을 사고 싶나요?

08 북한에서 군 생활은 얼마나 길어요?

저는 26개월 군 생활을 했습니다. 현재는 18개월이니까 제가 있을 때보다 8개월이 줄어들었군요. 군대에 있을 때 1주일이 정말 길게 느껴졌는데, 8개월이나 줄었다니 너무 놀랍습니다. 저는 월급 13,000원을 받았는데, 지금은 540,000원이라네요. 월급은 40배 이상 올랐는데 물가는 2배 정도밖에 안 올랐으니 지금 군대는 그때와 비교하면 천국인 것 같네요.

그리고 무엇보다 일과시간 이후 각자 핸드폰을 사용한다고 하니 정말 부럽네요. 라떼는 말이야~ 한 부대에 한, 두 대 정도 있는 공중전화로 부모님과 여자 친구에게 전화하려고 긴 줄을 섰어요. 취침 시간이 다가오면, 앞에 있는 사람의 통화가 길어질수록 가슴을 졸이게 됩니다. 겪어보지 않은 사람은 그 한 통화가 얼마나 귀한지 알 수 없죠. 요즘 군인들은 핸드폰으로 자유롭게 통화할 수 있고 심지어 게임도 할 수 있다고 하니, 지금 군대는 천국 맞습니다. 그럼 북한 군대는 천국인지 지옥인지 한번 알아볼까요?

북한군 이모저모

우선 북한군 전력에 대해 살펴볼까요? 북한군은 육군 110만여 명, 해군 6만여 명, 공군 11만여 명, 전략군 1만여 명, 대략 130여만 명 정도입니다. 남한보다 2배가 넘는 숫자인데요, 동원 가능한 비정규군까지 합치면 900여만 명이 있습니다. 인구 3명당 1명이 군대에 있는 셈이니 엄청나죠.

군인 수뿐만 아니라 무기 수도 남한보다 전체적으로 많은 편입니다. 좀 더 구체적으로 보면 북한의 전차, 대포, 전투기 등의 무기가 남한보다 적게는 2배에서 많게는 25배 이상 많습니다. 양으로 보면 북한 군사력에 압도되고 기가 죽을지도 모르겠네요.

다만 큰 걱정을 하지 않아도 됩니다. 양에서는 이렇게 차이가 나지만 질로 들어가면 남한군과 북한군은 비교가 되지 않습니다. 초등학생 10명이랑 국가대표 축구선수 5명이랑 축구를 하는 것과 비슷하다고 생각하면 됩니다.

북한군의 무기는 오래되었고 탄약, 기름, 인력이 많이 들기 때문에 훈련을 실제로 많이 하지 못하고 있습니다. 첨단 무기를 이용해 정기적으로 자주 훈련하고 있는 남한과 비교가 되지 않습니다.

그런데 문제는 이런 재래식 무기가 아니죠. 북한이 남한보다 월등하게 보유하고 있는 무기가 있는데 '전략무기'라고 불리는 핵과 탄도미사일, 그리고 화생방 무기입니다. 북한은 현재 미사일에 탑재할 수 있는 핵탄두 20~60개 정도를 보유하고 있고 미국 본토까지 타격할 수 있는 탄도미사일까지 생산하고 있습니다. 핵무기에 가려져서 상대적으로 부각되지 않고 있는 다량의 화생방 무기도 갖고 있고요.

북한군 열병식 모습. 북한은 이런 열병식을 통해 최근에 개발한 무기를 전 세계에 선전하고 있다.

그러나 이런 전략무기는 남한이나 전 세계 최강 군사력을 가진 미국을 침공하기 위해 개발하고 있는 것은 아닙니다. 이 무기를 먼저 사용하게 되면 북한에 더 큰 보복을 불러와 북한은 끝장날 것이 뻔합니다. 북한은 "그 어떤 나라도 우리를 함부로 건드리면 가만히 안 있겠다."라는 방어수단으로 전략무기를 생산하고 있다고 보시면 됩니다.

청춘을 군대에서

북한 군대를 볼 때 가장 놀라는 것은 복무기간입니다. 시대에 따라서 조금씩 변하긴 하지만 최근까지 남자는 10년, 여자는 7년이었습니다. 18살에 입대해서 27살에 전역을 하는 거죠. 입대할 때는 상큼한 오빠가 제대할 때 칙칙한 아재가 되어 나온다고 할까요.

전 세계 국가 대부분 복무기간이 2년 미만인 것을 보면 이 분야에서 북한을 넘어설 국가는 없습니다. 인구당 군인 비율이 이미 세계 최고인 상태에서 세계 최장의 복무기간까지 갖고 있으니 북한은 군대 올인(All-in) 국가라고 해도 될 것 같네요.

북한은 웬만한 남학생은 모두 군대에 가야 합니다. 고등학교를 졸업하는 남학생 대부분을 군대에 보내도 부족해지자 최근에는 현역 입대 가능한 키와 몸무게를 고무줄처럼 확 늘렸는데요. 키 150cm, 몸무게 48kg 이상만 입대할 수 있었던 것을 148cm, 43kg 이상으로 더 넓힌 것이죠. 참고로 남한은 키 160cm 이상만 현역으로 입대를 하고 있습니다.

상황이 이렇다 보니 여학생들도 군대에 많이 갑니다. 다만 북한은 남자처럼 의무는 아닙니다. 과거 몇 차례 여자들도 의무적으로 입대한 적이 있었는데 협동농장 일손이 부족해지는 등 혼란만 더 커져 얼마 안 되어 폐지되곤 했습니다.

그래도 현재 북한은 여군 숫자가 전 세계에서 가장 많습니다. 미국이 21만 명, 중국이 20만 명 정도인데 북한은 24만 명이나 됩니다. 의무가 아닌데도 이 정도 여군 숫자를 유지할 수 있는 북한의 비결은 간단합니다. 여군이 되면 노동당 입당, 대학교 입학 추천, 제대 후 좋은 직장 배치 같은 당근을 제공하거든요.

북한 열병식에 참가한 여군들
ⓒ우리투어

그런데 2021년 초부터 북한군 복무기간이 줄었습니다. 남자 10년, 여자 7년이었던 기간이 남자 7년, 여자 5년으로 줄었다고 하니 당사자들에게는 아주 기쁜 소식입니다. 이례적으로 복무기간을 줄이게 된 배경은 북한 식량사정이 그만큼 어렵기 때문일 것입니다. 코로나19로 인해 식량원조를 받기 힘든 상황이 되어 현재의 대규모 군대를 유지하기가 어려워진 것 같습니다.

휴가 같지 않은 휴가

남한 군인은 전체 복무기간에서 보통 40~50일 정도 휴가가 있습니다. 횟수로는 평균 8번 정도 됩니다. 북한 군인은 복무기간이 남한보다 더 기니까 휴가도 남한보다 많을까요? 안타깝게도 얼마 전 군 복무기간이 10년이었을 경우 겨우 한 달 정도 휴가를 주었습니다.

그런데 여기서 또 한 가지 중요한 사실이 있습니다. 일 년에 한 번씩 휴가를 갈 수 있게 규정이 되어 있지만 실제로는 딱 한 번 갈 수 있다고 합니다. 10년 군 생활 동안 딱 한 번, 한 달간 휴가를 가는 것이죠.

그래도 한 달 동안 가족의 품에 있으니 다행이다 생각할 텐데, 사실 2주 정도밖에 있지 못한다고 해요. 워낙 교통사정이 안 좋아서 가는데 일주일, 오는데 일주일로 총 2주일을 길바닥에서 버린다고 합니다.

게다가 휴가를 보낼 때 부대에서 필요한 것을 사서 들어오라는 압력을 많이 주는데, 때로는 간부나 고참이 개인적으로 사달라는 것도 많다고 합니다. 집에 가봐야 먹을 것도 풍족하지 않고 부담스러운데 뭘 더 사와야 할지 난감하답니다.

그렇다고 안 사서 가기에는 남은 군 생활이 힘들어질 것 같고, 그래서 딱 한 번 있는 휴가도 안가는 경우가 많다고 합니다. 북한군인 출신 탈북자에 대한 최근 조사에 따르면 약 20% 정도만 휴가를 다녀왔다고 하니 할 말 다 한 거죠.

남한 군인들은 한 달에 여러 번 외출·외박을 나가기도 하는데, 북한 군인은 외출·외박이라는 것 자체가 없습니다. 휴가도 못 나가고 외박이나 외출도 불가능한 상황이니까 가족이나 친구와 주고받는 편지가 유일한 소통 수단일 텐데요. 다행히 편지는 주고받을 수 있지만 3~4개월 정도 걸려 도착한다고 합니다. 봄에 보낸 편지가 여름, 심지어 가을에 도착한다고 하니 편지 서두에 계절 인사는 아마 안 할 것 같습니다.

북한 군인이 주로 하는 세 가지

평소에 선생님은 가르치고, 학생은 공부하고, 축구선수는 축구하고, 군인은 군사훈련을 합니다. 그런데, 북한 군인은 좀 다릅니다. 물론 북한 군인도 군사훈련을 하지만, 군 생활 절반 정도는 군사훈련과 전혀 다른 일을 합니다. 그럼 무엇을 하냐고요?

첫째는 건설작업입니다. 건설이라고 하면 군대와 관련한 시설을 만드는 것으로 생각할 것 같은데요. 그것만이 아니라 부대 인근의 도로건설이나 농지개간 등 군대와 관련 없는 건설작업에 자주 동원됩니다.

남한 같은 경우에 건설에 특화된 부대로 '공병부대'라는 것이 있긴 하지만 이들은 군대와 관련된 작업만 합니다. 그런데 북한 공병부대는 공장도 만들고, 아파트도 만들고, 심지어 스키장도 만듭니다. 최근에

북한 군인들이 평양 순안 국제공항의 새로운 활주로 건설작업을 하고 있다.
ⓒ우리투어

김정은 위원장 지시로 건설된 평양의 미래과학자거리와 과학기술전당도 역시 군대에서 건설한 것이죠.

둘째는 식량 생산입니다. 북한 전체가 오랫동안 만성적인 식량난에 시달렸고 군대 역시 마찬가지입니다. 국가에서 배급해주는 식량으로는 항상 부족하기에, 일명 '둔전'이라고 해서 부대의 식량을 부대 스스로가 책임지고 있습니다.

특수부대를 제외하고 대부분 부대의 중요한 일과는 농사·사냥·낚시·채집 등이며 이를 통해 부족한 식량을 채우고 있습니다. 그래도 부족하다 보니 주변 민가에 가서 가축이나 농작물을 훔치는 경우가 많아 사회문제가 되기도 한다네요.

북한 군대는 군대만이 아니라 나라 전체의 식량 생산에도 큰 역할을 하고 있습니다. 식량과 관련한 다양한 대규모 공장(농업·축산업·수산업 등)을 관리하고 있고 심지어 자라 양식까지 군인의 손이 안 닿는 곳이 없습니다.

북한 군인들이 하는 세 번째 일은 '그냥 쉬는 것'입니다. 평범한 휴식이 아닙니다. 부실한 식단과 영양결핍으로 자주 병에 걸리고 쓰러지는 경우가 많기에 칼로리 소모라도 적게 하려고 쉬는 것이죠.

2017년 판문점 공동경비구역(JSA)을 통해 귀순하다 총에 맞아 큰 수술을 받은 북한 군인이 있었는데, 그의 긴박한 귀순 과정도 화제였지만 수술하면서 몸에서 나온 많은 기생충이 세상을 놀라게 했습니다. 기생충은 위생 상태가 나쁜 환경에서 감염이 되는데, 그나마 다른 부대에 비해 환경이 좋다는 38선 근처 부대 군인이 이 정도라면 대부분 북한 군인들의 건강 상태는 어떨까요?

함께 얘기해봐요

1 한반도에 전쟁이 일어나면 남한과 북한 중 누가 이길까요?
그리고 전쟁 직후 한반도는 어떤 모습이 될까요?

2 통일되면 통일한국 군대는 지금처럼 의무적인 징병제가 유지될까요?
아니면 가고 싶은 사람만 갈 수 있는 모병제가 될까요?

09 북한에서 가장 인기 있는 아랫동네 것

"화장품 말입까? 아랫동네 껍니다."

tvN에서 인기리에 방영된 '사랑의 불시착'에서 리정혁(현빈 분)이 윤세리(손예진 분)의 목욕용품을 사러 장마당에 가는 모습이 나옵니다. 장마당 상인은 천을 걷어 북한 사람들에게 인기 있다는 한국산 화장품, 목욕용품, 속옷 등을 보여주는데요. 북한에서는 아랫동네(남한)의 물건이 얼마나 인기 있을까요? 드라마에서처럼 장마당에 가면 아무나 구할 수 있을까요?

엠피삼 있니?

10년 전 강원도로 북한대학원 M.T를 갈 때였습니다. 탈북한 동기생 두 명과 함께 승용차를 타고 갔습니다. 저보다 10살 이상 나이가 많은 형과 누나였지만 수업을 함께 듣다보니 금세 친해져서 가는 내내 이런저런 얘기를 나누게 되었죠.

서울을 빠져나온 지 얼마 안 되었을 때 운전하는 형이 옆에 앉은 누나한테 "엠피삼 가져왔니?"라고 물어봤습니다. 저는 처음에 어떤 음료수를 말하는 건가 싶었는데, 이내 옆에 앉은 누나가 가방에서 무엇인가를 꺼내어 차 음향장비에 꽂는 것이었습니다. 그러더니 음악이 나오고 볼륨을 크게 해서 노래를 불렀습니다. 그 모습을 보고 '엠피삼은 엠피쓰리(MP3)구나'라는 것을 알게 되었습니다.

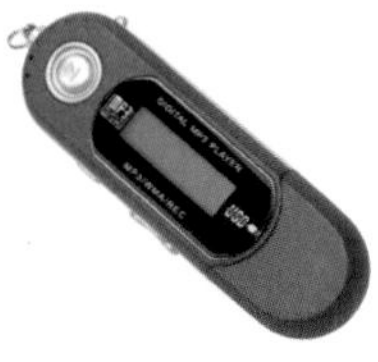

▶ 엠피삼(MP3)

한때 크게 인기를 끌었던 엠피쓰리. 북한에서는 엠피삼으로 불렀다.

그 형은 안재욱의 '친구'를 비롯해 조금 오래된 노래를 따라 불렀는데 너무 노래를 못 불러 지금도 기억이 납니다. 연이어 나오는 노래를 듣다가 내심 궁금해져서 "이 노래 언제부터 알게 되었어요?"라고 물어보니 탈북하기 5년 전쯤 북한에서 인기가 많았던 노래라고 하더군요.

그때만 하더라도 남북교류가 원활하게 진행되던 시기여서 대수롭지 않게 생각했습니다. 그런데 이런저런 얘기를 들어보니 아무리 남북관계가 좋아도 아랫동네(남한)에서 온 것을 듣거나 보는 것은 처벌 대상이었다고 합니다. 심지어 공개처형 하는 경우도 꽤 있었다고 합니다.

최근 김정은 위원장이 K-팝을 '악성 암(vicious cancer)'이라고 부르며 북한 내 한류의 확장을 우려하고 있다는 〈뉴욕타임스〉 보도가 있었습니다. 평소에 이와 관련해 통제와 처벌을 했을 텐데 왜 갑자기 최고지도자가 직접 나서는 상황까지 왔나 싶습니다.

그만큼 남한 문화가 아주 깊숙이 영향을 끼치고 있기 때문이겠죠. 그런데 10년 이상 남북교류가 꽉 막혀있는데 어디서 남한 노래를 구해서 들었을까요. 처벌받을 것을 감수하고 기어코 남한 드라마와 음악을 들으려고 하는 북한 주민들의 용기가 참 대단합니다.

아랫동네 문화 공습의 시작

북한에 본격적으로 남한 드라마·영화·가요가 알려진 것은 2000년대 중반입니다. 남북정상회담 직후 남북교류로 인해 남한 문화가 북한으로 전해졌다고 생각하는 사람들이 있는데 그것은 오해입니다. 아무리 남북관계가 좋아져도 북한은 남한 문화를 허용하지 않습니다.

북한은 공기는 잘 통하되 모기는 걸러야 한다는 '모기장론'을 잊을만하면 강조합니다. 공기는 북한에 도움이 되는 외부의 지원이나 기술이고, 모기는 북한 사회를 위협하는 자본주의 문화나 사상을 의미해요. 그래서 북한 당국은 남북교류를 하는 과정에서도 남한 자본주의 문화가 북한 주민에 침투하지 않도록 신경을 많이 썼지요.

2000년 평양학생소년예술단이 서울 공연을 했을 때가 기억이 나네요. 숙소인 잠실 롯데호텔에서 공연장인 양재동 예술의전당까지 버스를 타고 이동하는데 버스 커튼을 내리고 가더군요. 올림픽대로로 이동하면서 한강 주변의 고층빌딩들을 평양 어린이들이 보지 못하게 한 것이죠. 어린이들이 발전한 남한의 도시에 영향 받을 것을 우려한 북한 정부의 조치였죠.

이렇게 북한은 남한 문화가 들어오는 것을 기를 쓰고 막았는데, 어떻게 남한 문화가 북한 주민들에게 전해졌을까요? 첫째는 휴전선 접경 지역 주민들이 TV를 통해 남한 방송을 접하게 된 경우가 있었습니다. 물론 그전에도 남한 방송은 마음만 먹으면 몰래 볼 수 있었지만, 2000년 전에는 사회 분위기상 처벌 수위가 높았고 한류라고 할 만한 남한 드라마가 별로 없었기에 위험을 무릅쓰지 않았습니다. TV보급률이 낮았던 것도 또 다른 이유였고요.

그러다 2000년 남북정상회담으로 남한을 향한 관심이 높아졌고, 자연스럽게 호기심이 생겨 남한 방송을 보기 시작했습니다. 게다가 이 시기 중국으로부터 값싼 TV가 대량으로 보급된 것이 톡톡한 역할을 하게 되었죠.

너도나도 재밌게 남한 방송을 보다가 어느 날 문제가 생겼습니다. 남한 TV방송이 디지털로 전환되면서 기존 아날로그TV로 시청하는데 어려움이 생긴 것입니다. 또한 전기 사정도 안 좋아져서 TV가 자주 꺼지게 된 거죠. 신나게 TV드라마를 보다가 결정적인 순간에 갑자기 꺼지는 경험을 해본 사람은 알 것입니다. 머릿속이 새하얘지고 눈앞이 캄캄해지지요.

그래서 둘째 방법이 생겼는데요. 저장매체인 CD, DVD를 활용하는 것이었습니다. TV생중계를 통한 본방 사수는 못하지만 녹화된 영상은 볼 수 있는 것이죠. 남한 드라마나 영화는 빠르면 일주일, 늦으면 한 달 정도 지나면 CD나 DVD에 담겨 유통되었습니다. 북한에서는 CD, DVD가 둥그런 알처럼 생겨서 해서 씨디알, 알판이라고 부르는데요. 이 알판을 볼 수 있게 해주는 플레이어가 중국에서 싸게 만들어져 대부분 가정에 보급이 되었던 거죠.

중국에서 복제된 알판은 남한 돈으로 2천원이지만 북한에 들어가면 만원으로 가격이 껑충 뜁니다. 알판 사는 건 너무 비싸고, 갖고 있다 걸리면 더 큰 처벌을 받으니 차라리 싼 가격으로 너도나도 빌려서 보게 되었습니다.

빌려주는 사람, 빌리는 사람, 이들을 잡으려는 사람, 모두 장마당에서 눈에 불을 켜고 다닙니다. 최근에는 더 큰 돈을 벌기 위해 북한 안에서도 복제하는 대범한 사람이 있다는데 적발될 시 단순 시청하는 주민과는 다른 차원의 심판을 받게 됩니다.

북한 주민들은 DVD, SD, USB 등 다양한 입력장치를 사용할 수 있는 중국산 비디오 플레이어 노트텔을 통해 남한 드라마와 영화를 시청하고 있다.
ⓒ우리투어

북한 주민의 남한 드라마, 가요 베스트

우리나라에서 "가장 인기 있는 드라마, 가요는 무엇일까요?"라고 누가 묻는다면 바로 검색해서 알려주면 되지요. 영화 관객 수, 드라마 시청률, 가요 순위를 기간별로 실시간 확인이 가능합니다.

북한은 그런 통계가 존재하지 않습니다. 북한 작품에도 그런 통계가 없는데, 금지하고 있는 남한 작품에 대한 통계가 있을 리가 없죠. 그러다 보니 북한에서 가장 인기 있는 남한 영화, 드라마, 가요를 순위로 매기기가 현실적으로 어렵습니다. 그래서 북한이탈주민들의 나이, 살던 지역, 탈북 시기에 따라 좋아하는 것이 다릅니다.

그래도 북한 주민 대부분에게 인기 있는 남한 드라마가 있습니다. 송승헌, 송혜교, 원빈 주연으로 2000년에 방송되었던 '가을 동화'입니다. 2000년에 저는 대학생이었는데 이 드라마를 본 적이 없어 대학원에서 만난 탈북여성들한테 얼마나 혼났는지 모릅니다. 본인들은 목숨을 걸고 감동의 눈물을 흘리며 드라마를 봤는데, '남조선 간나'들은 감정이 메말랐다는 겁니다. 그 외 '태양의 후예' '상속자들' '꽃보다 남자' '대장금' 순으로 인기가 많다고 합니다.

드라마 말고 예능프로그램도 즐겨 봅니다. '삼시세끼' '꽃보다 할배'가 특히 인기가 있다고 합니다. 예능은 남한의 일상 모습을 그대로 보여주기 때문에 요즘은 드라마보다 예능을 좋아하는 사람이 더 많다고 하네요. 예능이 재미있어서 보는 것보다 남한의 모습 자체를 즐기고 싶어 하는 북한 주민들이 많은 것 같습니다.

북한 주민들이 좋아하는 가요는 안재욱 '친구', 김광석 '이등병의 편지', 최진희 '사랑의 미로', 양희은 '아침이슬' 등이 있습니다. 북한 주민들은 서정적이며 가사의 깊이가 있는 노래를 좋아하는데 대부분 우리나라에서 오래전 인기를 끌던 노래이기 때문에 아마 여러분들에게는 생소한 노래일 것입니다. 심지어 '사랑의 미로'와 '아침이슬'은 오래전부터 북한에 알려진 노래여서 북한 젊은이들은 북한 노래로 착각하는 경우가 많답니다.

특히 '친구'와 '이등병의 편지'는 북한 남자들 사이에 모르는 사람이 없을 정도로 워낙 유명합니다. 친구끼리 의리를 외칠 때나 입대할 때 어깨동무를 하고 이 두 노래를 부르는 모습은 북한에서 흔합니다. 남자들이 여자들에게 고백할 때는 윤도현의 '너를 보내고', 이승철 '그런 사람 또 없습니다', 김범수 '보고 싶다'를 자주 부른다고 합니다. 드라마 OST에 있는 노래도 사랑 고백할 때 많이 불립니다.

그리고 거북이 '빙고', 동방신기 '풍선', 소녀시대 'GEE'도 젊은 세대들에게 인기가 많다고 합니다. 노래가 밝고 가사가 긍정적이어서 부르기만 해도 기분이 좋아진다고 하네요. 한 가지 재미있는 것은 랩이 있는 노래는 극히 일부 청소년을 제외하고는 별로 좋아하지 않는다고 하네요. 랩은 북한 말로 '빨리하는 말'이라고 하는데, 도대체 알아들을 수가 없다고 합니다. 저도 사실 잘 알아듣기 힘듭니다만…흠…나이가.

남한처럼 하고 싶은 북한 주민

북한이탈주민들에게 설문조사한 결과를 보면 북한에 있을 때 남한 드라마, 가요를 접한 북한 주민 비율은 80%가 넘습니다. 상황이 이렇다 보니 은연중에 남한 문화를 따라 하는 경우가 많아졌습니다. 북한에 없던 '자기야', '오빠야', '할꺼야' 이런 표현부터 영어식 표현도 스스럼없이 하고 머리모양, 옷차림도 남한 연예인처럼 하고 다닙니다.

심지어 친한 미용실에 가서 남한 연예인 사진을 조심스레 보여주면서 이렇게 잘라달라는 말도 할 정도입니다. 몇 년 전 남한에 스키니진이 유행할 때 북한 젊은이들도 죄다 땡빼 바지(스키니진 북한식 표현)를 입고 다녔습니다. 여성들이 신는 하이힐도 마찬가지입니다. 남한에서 유행하는 것이 북한에서 유행하는데 예전에는 1년 이상 걸렸는데 요즘은 3개월도 채 걸리지 않

북한 여군들이 남한 여성들이 애용하는 하이힐을 신고 줄지어 이동하고 있다. ⓒ매트 파이쉬

습니다.

이는 1980년~90년대 남한 청소년들이 홍콩영화에 열광했던 모습과 흡사합니다. 그 당시 저를 포함한 청소년들은 주윤발·장국영·유덕화 같은 홍콩 배우의 모든 것을 따라 하느라 바빴습니다. 손가락으로 쌍권총을 쏘고, 성냥개비를 입에 물고 다니고, 카드를 펼치고, 안 되는 발음으로 중국어 영화주제가를 불렀습니다.

그 당시 의미도 몰랐던 '따거'로 서로를 불렀고요. 그 당시 우리의 소원은 주윤발이 쌍권총을 쏘던 홍콩 번화가, 장국영이 총에 맞아 통화를 하던 홍콩 공중 전화박스에 한 번이라도 가는 것이었죠.

현재 북한 주민은 홍콩을 동경하던 저의 세대들보다 10배, 100배 더 남한을 동경하고 있습니다. 말도 통하는 곳이고 같은 역사와 문화를 갖고 있으니까요. 드라마나 영화에 나온 장소에 가고 싶고, 살 수 없으면 며칠이라도 지내고 싶어 합니다. 그게 안 되니 영상과 노래로나마 그 마음을 달래고, 그러면 그럴수록 더 가고 싶은 마음이 생기는 악순환의 연속입니다. 결국 이를 타개하기 위해 별의별 방법을 동원했는데도 효과가 없으니 오죽하면 김정은 위원장이 직접 나서서 금지했겠습니까.

뛰는 109 상무, 나는 북한 주민

전 세계 국가 중 가장 통제가 심한 북한도 남한 문화가 유입되는 것은 막지 못할 것입니다. 통제보다 기술이 항상 한 발짝 앞서니까요. 2000년대 초반 남한 문화를 막기 위해 '109 상무'라는 부서가 만들어져 무소불위의 권력을 휘둘렀지만 '뛰는 놈 위에 나는 놈 있다.'라는 말처럼 북한 주민들은 항상 앞서갔습니다.

중국산 플레이어에 USB나 마이크로 SD카드를 사용할 수 있게 된 것입니다. 이제 전기를 내려도 재빠르게 USB나 SD카드를 쏙 빼서 숨겨두면 증거인멸이 되는 것이죠. 심지어 USB를 빼다가 걸렸다 하더라도 중국드라마를 본 것인데 뭐가 잘못이냐고 항변할 때도 있다고 합니다.

중국드라마 영상 사이사이에 남한드라마를 끼워 넣는 악마의 편집을 해서 막상 걸리면 중국 드라마가 짜장면 면발처럼 나오니 '109 상무'도 뭐라고 못합니다. 이런 별의별 방법을 사용해 북한 당국 통제를 벗어나 열심히 남한 방송을 보고 있는 북한 주민들의 천재성은 남한보다 뛰어난 것 아닐까요?

함께 얘기해봐요

1 북한 문화를 접한 적이 있나요? 있다면 노래, 드라마, 영화, 뉴스 등 어떤 것이었고 느낌이 어땠나요?

2 내가 본 드라마, 영화, 가요 중 이것은 꼭 북한 친구들에게 알려주고 싶은 것이 있나요? 그 이유는 무엇인가요?

제2부

두근두근
통일 이야기

01 6·25전쟁은 왜 아직 끝나지 않은 건가요?

20세기는 인류역사상 전쟁으로 인해 가장 참혹했던 시기였습니다. 세계대전이 두 차례나 있었고 최초로 핵무기가 사용되었습니다. 지구상 곳곳에 민족 간 내전, 국가 간 외전이 끊이지 않았습니다. 6·25 한국전쟁도 세계적 차원의 대전이었습니다.

전쟁의 목적

인류역사는 전쟁의 역사입니다. 개인 간의 싸움이 가족·씨족·종족·민족에서 국가 단위로 그 규모가 커졌죠. 기술이 진보하면서 무기도 발전해서 전쟁의 희생자가 기하급수적으로 늘어났고요.

인간이 전쟁을 일으키는 이유는 무엇일까요? 더 많은 땅을 갖기 위한 거겠죠. 땅은 식량 생산의 척도이고 그 땅 위에 사는 인간도 주요 자원입니다. 김일성은 한반도 반쪽으로는 성이 차지 않았습니다. 자신이 통치하는 땅을 한반도 전체로 확장시켜 한민족 전체를 통치하고 싶었습니다. 그렇게 할 수 있는 방법은 딱 하나. 전쟁에서 이겨 남한 땅도 차지하는 거죠.

▶ 이오시프 비사리오노비치 스탈린

소련의 정치가(1879~1953). 시월 혁명 때에 레닌을 도왔으며, 레닌이 죽은 후 권력 투쟁에서 승리하였다. 독재적인 방법으로 사회주의 건설을 지도하고 헌법을 제정하였으며 1941년 수상에 취임하였다. ⓒ위키백과

전쟁 일으키기 딱 좋은 시기

1948년 남북한 정부가 세워지는 순간부터 김일성은 남한을 무력으로 점령하겠다는 생각을 가졌습니다. 그런데 혼자 힘만으로는 어렵다는 것을 잘 알고 있었기 때문에 소련 최고지도자 스탈린을 끊임없이 설득했습니다. 하지만 스탈린은 계속 거절하였습니다. 때가 아니라는 거였죠.

그런데 1950년 초 변화가 오기 시작했습니다. 남한에서 미군이 철수한 것입니다. 스탈린은 한반도에서 미국과 부딪치는 것을 극도로 경계하였는데 미군이 알아서 나가준 것입니다. 미국은 그 당시 전 세계 유일한 핵무기 보유 국가였고, 일본에 핵무기를 떨어뜨려 항복시킨 경험이 있었습니다.

그런 미국을 건드리는 것은 엄청난 위험부담이었는데 그것이 사라진 거죠. 해방 후 지금까지 주한미군이 남한에 주둔하지 않았던 기간은 딱 1년 있었는데, 그때가 바로 1949년에서 1950년 사이죠.

그리고 얼마 지나지 않아 스탈린에게 더 기쁜 소식이 도착했습니다. 소련 과학자들이 드디어 핵무기 개발에 성공했다는 소식이었습니다. 소련도 핵무기를 갖게 되었다는 것은 미국도 더는 소련을 함부로 대할

1951년 한국전쟁 당시 미 5공군 B-26 인베이더 폭격기가 원산의 보급창고와 부두 시설을 폭격하고 있다.

수 없게 되었음을 의미합니다. 미국 핵무기에 속수무책으로 당했던 일본과는 달리 소련은 반격할 수 있는 핵무기가 있다는 거니까요.

그리고 김일성에게 전쟁을 일으키기 딱 좋은 소식이 들어왔습니다. 중국에서 공산주의 혁명이 성공한 것이었습니다. 김일성 입장에서는 소련만이 아니라 중국이라는 커다란 우군을 얻게 되었습니다. 특히, 김일성은 중국공산당을 도와 일본에 대항하여 싸운 경험이 있었기에 향후 중국이 자신에게 큰 도움을 줄 것으로 믿었습니다.

이렇게 전쟁을 일으키기만 하면 승리할 수 있는 환경이 갖춰지면서 김일성은 1950년에 들어와 전쟁 준비에 박차를 가했습니다. 이에 반해 남한은 식량부족을 비롯한 경제적인 어려움과 여순사건 같은 공산주의 세력들의 활동으로 혼란을 거듭하고 있었죠. 김일성이 쳐들어가기만 하면 남한은 제대로 된 방어조차 하기 어려워 보였습니다. 김일성은 한반도 장마가 시작하는 7월 중순 전에 적화통일을 끝내기 위해 6월을 선택하여 전쟁을 감행하였습니다.

6·25전쟁의 4가지 특징

3년 동안 지속된 전쟁은 수많은 사상자를 냈지만, 결론을 내리지 못하고 정전협정을 통해 멈추게 됩니다. 종전이 아니라 정전이라는 점에서 전쟁은 아직 끝나지 않은 상태입니다. 전쟁을 일으킨 김일성은 사망하였고 이제 곧 정전 70주년이 되는데도 끝나지 않은 것입니다. 역사상 이런 전쟁이 또 있을까 생각합니다. 전쟁을 일으킨 사람이 죽어도 끝나지 않는 전쟁이라니요.

6·25전쟁은 몇 가지 특징을 갖고 있습니다.

첫째는 한반도에 공산주의를 퍼트리기 위한 '이념전쟁'이었습니다. 공산주의 대국인 소련은 김일성을 도와 한반도 전체를 공산화하면 일본까지 넘볼 수 있다고 생각했습니다. 이미 공산화된 중국에 이어 한반도와 일본을 공산화하면 미국은 아시아에 발을 붙일 수 없다는 큰 그림을 그렸던 것이죠.

둘째는 '동족상잔의 전쟁', 즉, 얼마 전까지 살을 맞대며 같이 살던 한민족끼리의 참혹한 전쟁이었습니다. 같은 민족끼리 전쟁을 하는 경우가 역사상 간혹 있긴 하지만 6·25전쟁처럼 참혹하게 서로를 죽이는 전쟁은 없었습니다. 공산주의와 자유민주주의 사상이 도대체 무엇이길래 300여만 명이 죽거나 다쳐야 했고 천만 명의 이산가족이 생겨야 했나요.

심지어 형과 동생이, 같은 동네 사람들끼리 총부리를 겨누었을 정도니 너무나 잔인한 전쟁이었습니다. 사상자 중 적지 않은 수가 전투로 인한 군인들이 아니라 인민재판이나 사상검증으로 민간인들 간 충돌에서 빚어졌다는 점에서 너무 가슴이 아픕니다.

셋째는 휴전선 근처에서 밀고 당기는 '소모전쟁'이었습니다. 실질적인 전투는 이미 전쟁 발발 1년이 지나 소강상태가 되었습니다. 북한군은 낙동강까지 밀고 내려갔다가, 반격에 나선 유엔군이 인천상륙작전을 통해 압록강까지 밀고 올라갔습니다. 이때 중국군이 참전함으로써 1년 만에 원래의 38선으로 다시 내려왔습니다.

이 상태에서 무려 2년 동안 정전협상을 한 것이죠. 그 중 '전쟁포로'에 관한 처리 문제를 놓고 18개월의 시간을 허비했습니다. 그사이 땅 한 뼘을 더 차지하려는 경쟁이, 얼마나 많은 젊은이의 목숨을 앗아갔는지 안타깝습니다. 좀 오래된 영화지만 2011년에 나온 '고지전'이 그 당시의 모습을 잘 그리고 있습니다.

▶ 미군의 인천상륙작전
1950년 9월 15일
인천에서 하역중인
미군 LST(전차상륙함)

넷째는 한반도를 중심한 국제 전쟁이었습니다. 제2차 세계대전이 종전된 지 5년이 지난 시점에 제3차 세계대전으로 확대될 수 있었던 전쟁이 한반도에서 일어났던 겁니다. 북한·소련·중국의 침략을 남한과 유엔 16개 국가가 방어하는 전쟁 양상은 6·25전쟁이 남북한만의 전쟁이 아니라 20여 개 국가가 참여한 국제 전쟁이었음을 보여줍니다.

이를 통해 세계적인 냉전의 서막이 열리게 되었습니다. 제2차 세계대전 연합국이었던 미국과 소련이 6·25전쟁을 통해 완전히 갈라지게 된 것이죠. 소련과 공산주의 국가들의 야심을 미국이 늦게나마 깨닫게 되어, 향후 미국을 중심한 민주주의 국가들과 소련을 중심한 공산주의 국가들의 두 세력 간 대립과 갈등이 본격적으로 커지게 되었습니다.

6·25전쟁이 남긴 것

모든 전쟁은 상처가 있고 아픔이 있습니다. 하지만 역사상 다른 전쟁과 비교해보면 6·25전쟁은 후유증이 너무나 컸습니다. 6·25전쟁은 1, 2차 세계대전을 제외하면 20세기 지구상에 벌어진 전쟁 중 사상자가 가장 많은 전쟁이었습니다. 그 당시 남북한 인구가 3천만 명이었으니 분단 후 이산가족이 천만 명이나 생겼다는 것은 한민족 전체의 고통과 비극이라고 해도 과언이 아닙니다.

▶ 이산가족
한반도 분단 등의 사정으로 남한과 북한에 나뉘어 흩어져 살고 있는 가족

제2차 세계대전은 주로 배나 땅의 내포를 통해 적을 공격했는데, 6·25전쟁은 비행기가 그 역할을 도맡았습니다. 함포나 대포가 닿지 못하는 곳도 비행기는 상관없이 어디든 공격할 수 있었습니다. 유

엔군은 공군이 우세했으니 북한 땅이 주로 공격을 받았을 것으로 생각하기 쉬운데 그렇지 않았습니다.

6·25전쟁 초기에 북한군은 부산을 제외한 남한지역 전체를 점령했습니다. 그런 북한군을 몰아내기 위해 남한 땅에도 수많은 폭격을 했기 때문에 북이나 남이나 형태가 온전히 남은 건물이 없었습니다.

국토의 황폐화만큼 한민족이 겪은 아픔도 컸습니다. 공산주의가 도대체 무엇이라고 한 형제끼리 총부리를 겨누고, 친인척, 동네 사람들이 갈라져야 했는지 모두가 큰 상처를 얻게 되었습니다. 특히, 전쟁을 일으킨 김일성과 북한에 대한 증오심은 쉽게 사라질 수 없었습니다. '우리의 소원은 통일'을 염원하면서도 철천지원수인 북한과 다시 하나 된다는 것에 거부감이 큽니다.

남북통일이 독일통일보다 더 어려운 이유가 바로 여기에 있습니다. 동서독으로 분단되었던 독일은 전쟁의 경험이 없었기에 통일에 큰 어려움이 없었지만, 남북한은 전쟁의 상처가 크다는 점이 다른 거죠.

끝나지 않은 전쟁

6·25전쟁은 1953년 7월27일 정전협정을 맺으면서 멈추게 되었습니다. 정전은 종전과 다릅니다. 종전(終戰)은 전쟁이 끝난 것이지만, 정전(停戰)은 전쟁이 끝난 것이 아니라 잠깐 쉬고 있는 거죠. 2023년이 되면 정전협정 70주년이 되는데, 어떻게 전쟁이 70년 동안 끝나지 않을 수 있을까요?

★ 정전협정
1953년 7월 27일 국제연합군 총사령관과 북한군 최고사령관 및 중공인민지원군 사령원 사이에 맺은 한국 군사정전에 관한 협정을 말한다.

어떤 사람은 '실질적인 전쟁은 끝난 것 아니냐.'라고 말하기도 합니다. 하지만 6·25전쟁 후 현재까지 북한은 남한에 크고 작은 공격을 감행하였습니다. 천안함 피격, 연평도 포격으로 남한의 군인과 민간인들이 사망한 것도 오래전 얘기가 아닙니다.

문제는 이런 북한의 공격이 끝난 것이 아니라 앞으로도 벌어질 수 있다는 것입니다. 과거 북한의 공격으로 사망한 사람이 나와 내 가족이 아니라 하더라도 미래에 어떻게 될지 모르는 불안한 상황에 우리는 살고 있습니다.

북한이 남한을 함부로 공격하지 못하게 만들려면 국방력 강화도 필요하겠지만 6·25전쟁 연장선에 있는 정전협정을 손보는 것이 필요합니다. 어차피 남북통일 과정에 정전협정은 폐기되고 평화협정으로 대체되어야 합니다.

특히, 정전협정에 남한은 참여하지도 않았습니다. 북한과 중국, 유엔군을 대표한 미국, 이 세 나라가 협정을 맺은 것입니다. 그 당시 남한

1953년 7월 휴전협정을 조인하는 유엔군 사령관과 북한 측 대표
ⓒ미 국방부

의 이승만 대통령은 남북분단 상황에서 전쟁을 멈추는 것을 극도로 반대했기 때문입니다.

또한 정전협정의 세부적인 내용도 그 당시 국제관계 속에 결정되었기 때문에 현재 상황과는 너무나 동떨어져 있습니다. 그 당시 설정한 비무장지대에 수많은 지뢰나, 무기 등이 있고, 해상경계선이 모호해서 자주 충돌이 발생하기도 하고요. 그런 점에서 '정전협정'에 묶여있는 한반도 상황을 전환하기 위한 '종전선언'을 하는 것이 필요합니다. 남한과 북한이 당사자이고 미국이 함께 하면 좋을 것입니다.

그 후 실질적인 종전을 위한 협상을 할 것이고 그 결과는 평화협정이 될 것입니다. 물론 섣부른 정전협정 폐기와 평화협정 체결은 상황을 더 복잡하게 할 수 있습니다. 현재 북한의 핵무기 개발과 보유를 그대로 놔두고 평화협정을 체결한다는 것은 말이 안 되는 것이죠. 이 과정은 이미 두 차례 북한과 미국의 정상회담을 통해 논의하였고, 시간이

2019년 6월 판문점에서 남한, 북한, 미국 정상이 만났다. 이때 미국 트럼프 대통령은 현직 미국 대통령으로서 최초로 북한 땅을 밟게 되었다. ©워싱턴 DC 백악관

꽤 걸릴 것입니다.

그런 점에서 '종전선언'의 시작이 중요합니다. 시작이 절반이라는 말이 있잖아요. 빠른 시일내에 '종전선언'을 함으로써 한반도에 평화의 봄바람이 다시 오게 해야 합니다. 70년이 지나도록 아직 끝나지 않은 6·25전쟁만큼은 우리가 끝내야 하지 않을까요?

함께 얘기해봐요

1 1950년 6월 24일은 토요일이었습니다. 그때 살던 사람들은 다음날 전쟁이 일어날 거라고 아무도 생각하지 못했습니다. 여러분이 그 당시 살고 있었다면 어땠을까요?

2 북한과 남한이 종전선언을 한다면, 꼭 들어가야 할 문구나 내용은 무엇이 있을까요?

02 북한은 왜 핵무기를 만드나요?

핵무기는 인류에게 끔찍한 재앙을 불러올 수 있는 무서운 무기입니다. 엄청난 파괴력을 갖고 있는 무기입니다. 아시아 국가들을 식민지로 만들고 2차 세계대전을 일으키며 기세등등하던 일본을 하루아침에 항복하게 만든 것도 바로 핵무기였습니다. 북한이 핵무기를 갖게 되면 한반도는 어떻게 될까요?

최악의 해, 최강의 무기를 만들다

북한이 본격적으로 핵무기 개발을 하게 된 시기는 1990년입니다. 북한으로서는 그 시기가 전쟁 직후보다 더 혼란스러운 때였습니다. 무엇보다 소련이 남한과 수교를 하였습니다. 소련이라면 공산주의의 종주국으로 북한이 항상 따르던 국가였죠. 그런 소련이 북한 몰래 남한과 협상을 해서 수교를 하겠다고 했으니 얼마나 큰 배신감을 느꼈을까요.

★ 수교
나라와 나라 사이에 교제를 맺는다는 뜻

문제는 그것만이 아니었습니다. 한 달 후 또 다른 사건이 발생했습니다. 공산주의 국가 중에서 그나마 잘나가던 동독이 갑자기 서독에 흡수되어 통일된 것입니다. 그리고 다음 해에 소련이 무너졌습니다.

소련을 현재의 러시아로 생각해서 러시아를 구소련이라고 부르는데 사실 큰 차이가 있습니다. 소련의 정식명칭은 '소비에트 사회주의 공화국 연방'인데 이를 줄여 소련이라고 불렀습니다.

소련은 우크라이나, 발트 3국을 포함한 15개 국가들이 합쳐져 있었던 아주 큰 나라였습니다. 지구 면적의 6분의 1을 차지할 정도였으니까요. 소련이 무너진 뒤 러시아를 비롯해 쪼개진 국가들이 죄다 남한과 수교를 하니 북한으로서는 아주 난감했습니다.

그런데, 여기서 끝나지 않고 북한은 결정타를 맞게 되었습니다. 그나마 믿었던 중국마저 배신한 것입니다. 소련이 무너진 다음 해인 1992년 중국이 남한과 수교를 한 것이죠. 북한 김일성은 소련의 배신을 통해 언젠가는 중국도 남한과 수교를 할 것이라고 예상했지만 이렇게 빨리 수교할 줄 몰랐습니다.

이 시기의 북한 상황을 깊게 이해하기 위해 가상현실을 돌려봅시다. 북한이 처했던 상황을 반대로 남한이 겪게 되었다면 어떻게 되었을까요. 공산주의가 무너진 것이 아니라 자유민주주의가 무너지는 가상의 상황 말입니다.

어느 날 갑자기 미국이 상의도 없이 북한과 수교를 합니다. 그러다 미국은 자유민주주의 국가에서 공산주의 국가로 돌변합니다. 일본도 북한과 수교를 합니다. 일본 역시 자본주의에서 공산주의로 변합니다. 소련은 초유일 강대국이 되어 남한과 친했던 국가들이 대부분 소련과 관계 개선을 합니다.

주위를 둘러보니 제대로 된 자유민주주의 국가는 이제 남한밖에 없습니다. 사방이 다 공산화되어 있고, 남한과 전통적인 우방 국가였던 미국과 일본은 오히려 북한을 두둔할 때가 많아졌습니다. 이것도 모자라 남한이 하는 일에 사사건건 소련과 중국이 트집을 잡고 심지어 군사 행위를 할 수 있다고 엄포를 놓습니다.

1990년 북한 상황을 남한에 대입해 생각해보니 등에 식은땀이 흐릅니다. 이 당시 북한 김일성은 오죽했겠습니까. 그러다 김일성은 이 모든 상황을 이겨낼 수 있는 무언가를 떠올렸습니다. 그것은 바로 본격적인 핵무기 개발이었죠.

핵무기 A, B, C

핵무기는 크게 3가지로 구성되어 있습니다. 핵물질, 기폭장치, 운반수단이죠. 핵물질이야 말 그대로 폭약과 같이 뻥 터져 주변을 파괴하는 것이고, 기폭장치는 핵물질을 원하는 시점에 터트리는 것이고, 운반수단은 미사일과 같은 거죠. 셋 중에 하나라도 없으면 핵무기가 될 수 없습니다.

이중 가장 중요한 것은 핵물질입니다. 기폭장치와 운반수단은 기술이 갖춰지면 바로 만들 수 있지만, 핵물질을 얻는데 기술뿐만 아니라 시간이 많이 듭니다. 핵물질을 얻는 방법은 몇 가지 방법이 있습니다. 주로 많이 쓰이는 방법은 전기를 발생케 하는 원자력 발전소 기술과 비슷합니다. 우리가 흔히 사용하는 단어인 원자력 발전소는 핵발전소와 같은 의미라고 보면 됩니다.

1945년 8월 9일 미군이 일본 나가사키에 원자폭탄을 투하했을 때 1.8㎞ 이상 피어오른 버섯구름

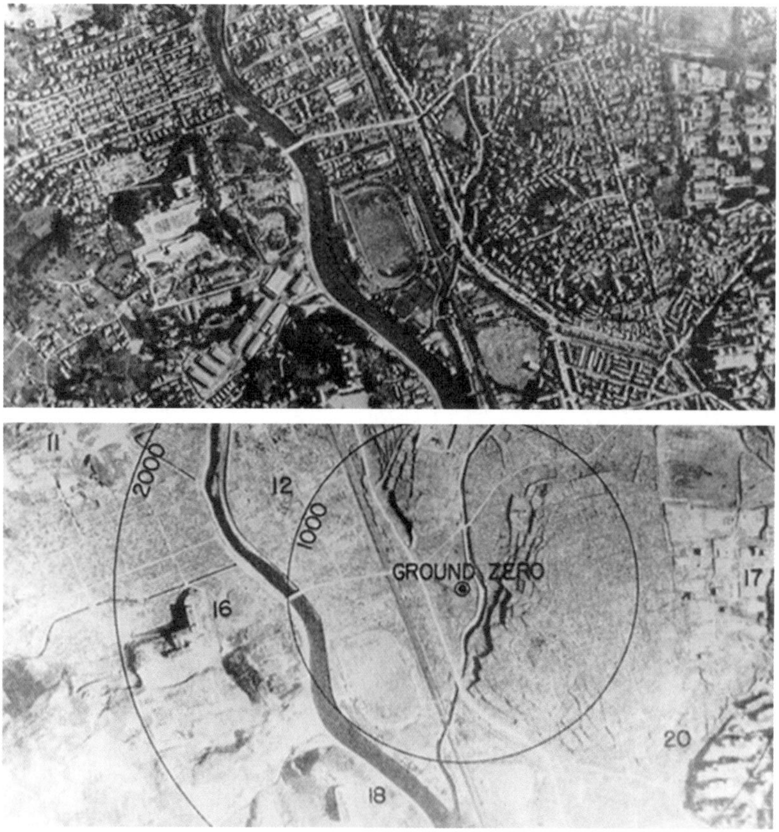

1945년 8월 9일 원자폭탄 투하 전후의 나가사키시 ⓒ미국 국립 기록 보관소

그래서 원자력 발전소가 세워지면 핵무기를 개발하려고 하는지, 전기를 얻으려고 하는지 잘 알기 어렵습니다. '전기를 만들려고 발전소를 돌리는데 왜 참견이냐.'라고 하면 할 말이 없어집니다.

핵무기는 인류역사상 딱 한 번 사용되었어요. 제2차 세계대전 막바지에 미국이 일본 히로시마와 나가사키에 투하하였습니다. 그 피해가 크고 후유증이 심각해서 다시는 이런 무기를 사용하지 말자는 경종이 전 세계에 울리기도 하였습니다. 하지만 얼마 지나지 않아 소련·영국·프랑스에서 핵무기 개발에 성공합니다. 핵무기 하나만 갖고 있으면 어떤 강대국도 두렵지 않은 지위를 갖게 되니 힘깨나 쓰는 국가들은 모두 관심을 보였습니다.

이렇게 너도나도 핵무기 개발을 하다가 만에 하나 잘못 터트리기라도 하면 인류 공멸이 될 수 있다고 생각한 나머지 핵확산금지조약(NPT)이 생겼습니다. 핵무기를 보유한 국가들이 나머지 국가는 갖지 못하게 미리 쉴드를 친 국제조약이었습니다.

어떻게 보면 불평등조약일 수 있지만 1970년대 미국과 소련의 말을 무시할 국가는 별로 없었기에 대부분 국가는 이 조약에 가입하였습니다. 물론 이런 경우도 꼭 말 안 듣는 국가가 나오기 마련입니다. 이스라엘·인도·파키스탄은 끝까지 NPT 가입을 거부하면서 핵무기 개발에 성공하였고, 북한은 가입했다 핵무기 개발이 들통 나서 탈퇴한 상태로 지금까지 오고 있지요.

★ 핵확산금지조약
(NPT; Nuclear Non-Proliferation Treaty)
핵 비보유국이 핵무기를 보유하거나 핵 보유국이 비보유국에게 핵무기를 양여하는 것을 금지하는 국제조약. 국제 협약 단체인 NPT는 1967년 1월 1일을 기준으로 비핵국가에 대해서는 핵개발 금지를, 핵 보유국에 대해서는 핵군축을 요구함으로써 국제사회의 핵무기 확산을 적극 억제하는 역할을 하고 있다.

딱 걸린 거짓말

북한은 6·25전쟁 직후 소련을 통해 원자력 기술이전을 받았습니다. 그리고 얼마 안지나 중국과도 원자력 협력 협정을 맺었죠. 그 당시 평안북도 영변 지역에 연구용 원자로를 설치하는 등 대규모 단지를 조성했습니다. 물론 북한에 이런 지원을 한 소련과 중국은 전기 생산에 한정해서 원자력이 사용되기를 바랐습니다. 북한까지 핵무기 개발을 하면 그들에게도 골치 아픈 일이니까요.

그런데 중국이 핵무기 개발에 성공하자 김일성은 북한도 핵무기 개발을 할 수 있게 도와달라고 떼를 썼습니다. 중국은 이내 거절 했지만,

북한의 요청은 반복되었습니다. 급기야 중국 최고 지도자 모택동은 '작은 나라인 북한에는 굳이 핵무기가 필요 없다.'라고 단호하게 말했습니다. 다시는 그런 부탁하지 말라고 확실히 선을 그어버린 거죠.

소련은 중국보다 좀 더 야박했습니다. 북한의 NPT조약 가입을 강요했던 나라가 바로 소련이었거든요. 그만큼 원자력 기술은 마음만 먹으면 얼마든지 핵무기 개발로 갈 수 있기에 핵무기를 보유하고 있는 국가들은 우방국이고 뭐고 감시의 끈을 놓지 않았습니다.

이런 상황에서 1980년대 중반 인공위성을 통해 무엇인가 발견이 되어 국제사회가 술렁거렸습니다. 북한의 영변 지역에서 단순한 원자력이 아니라 핵무기 개발의 징후가 포착되었다는 것이었습니다.

국제원자력기구(IAEA)는 바로 행동에 돌입하였습니다. 핵물질을 생산하는 것으로 의심되는 영변의 대규모 시설에 직접 들어가 조사를 하겠다는 것이었죠. 당연히 북한은 거부하였고 양측의 주장은 평행선을 달렸습니다.

그러다 90년대 초 발발한 이라크 전쟁으로 인해 북한의 입장은 완전한 수세로 몰리게 되었습니다. 미군이 이라크 공습 후 진군하다가 이라크가 몰래 시도한 핵무기 개발 징후를 발견했기 때문입니다.

NPT조약에 가입하여 잘 준수하고 있다고 보였던 이라크가 국제 사회를 철저하게 속여 세계를 놀라게 했고, 이 불똥은 곧 북한으로 튀게 됩니다. 특히, 이 시기 영변은 과거 북한에 원자력 기술을 제공했던 소련과 중국에도 공개하지 않을 정도로 통제되는 지역이었기에 북한은 충분히 의심을 사게 되었습니다.

이런 상황에서 국제 사회의 빗발치는 조사 요구를 모두 거부하기에는 한계가 있었기에 북한은 92년 IAEA 조사를 받아들였습니다. 북한

▶ 모택동
(1893.12.26~1976.9.9)
중화인민공화국의 혁명가, 정치인이다. 초대 중국 공산당 중앙위원회 주석을 지냈다. '마오쩌둥 사상'을 창시한 사상가로도 족적을 남겼으며 시인, 서예가로도 이름이 있다.
©Zhang Zhenshi

★ 국제원자력기구
(IAEA; International Atomic Energy Agency)
원자력을 군사적인 목적으로 이용하는 것을 막고 평화적인 목적의 이용을 장려하기 위해 1957년 7월 29일에 설립된 국제연합 산하 독립기구. 본부는 오스트리아 빈에 있다.

은 전기 생산을 위해 원자로를 돌렸으며 핵물질인 플루토늄은 극히 소량만 생성되었다고 주장했지요. 핵무기 1개를 만드는데 5kg 정도의 플루토늄이 필요한데 북한은 지금까지 딱 한 번 추출해서 90g 정도 나왔다고 하니 핵무기 개발과는 거리가 멀어 보였습니다.

그러나 북한의 주장은 얼마 지나지 않아 거짓으로 드러났습니다. IAEA 분석 능력을 과소평가한 북한의 실수였죠. IAEA는 북한이 세 차례 핵물질을 추출하였고 훨씬 많은 양의 플루토늄을 추출한 것을 증명했습니다.

물론 북한이 당장 핵무기를 만들 수 있는 수준은 아니지만, 핵물질을 보유하고 있고 시간이 가면 갈수록 그 양이 많아진다는 것은 심각한 상황이었죠. 미국은 국제사회를 대표하여 북한과 바로 협상을 시작하게 됩니다.

북한과 미국의 합의와 결렬

“전기 생산을 위한 원자력 가동이 무엇이 잘못이냐!”고 반박하는 북한과 “핵물질 생산을 멈추고 추출한 플루토늄을 반납하라!”는 미국의 주장은 팽팽하게 맞섰습니다. 결국 협상은 2년 가까이 지속되다가 가까스로 타결됩니다.

먼저 미국은 한국, 일본과 함께 핵물질 생산이 불가능한 경수로 발전소를 건설해주기로 하였습니다. 그리고 북한은 기존 핵시설에 대한 IAEA 사찰단의 지속적인 감시를 허용하고 핵물질은 외부로 보내기로 하였습니다.

▶ 9·11테러
2001년 9월 11일 발생한 미국 뉴욕의 110층 세계무역센터(WTC) 쌍둥이 빌딩과 워싱턴의 국방부 건물에 대한 항공기 동시 다발 자살테러 사건
ⓒ마이클 포란

그 외에 미국은 북한의 부족한 에너지를 보충해주기 위해 매년 중유 50만 톤을 공급하고 북한은 경수로 발전소가 완공되는 시점에 기존 핵 시설을 완전 해체하기로 하였습니다. 이것이 1994년 북미 제네바 합의의 골자입니다.

그런데 해피엔딩으로 끝난 것 같았던 북핵 문제는 2002년 다시 불거졌습니다. 북한이 기존의 '플루토늄'이 아닌 '우라늄'을 이용한 새로운 방식으로 비밀리에 핵물질을 만들고 있었던 것이 들통난 것입니다. 북한은 그런 일 없다고 잡아뗐었고 미국은 조사를 해봐야 의심을 풀 수 있다고 했죠. 북한이 조사를 거부하자 미국은 중유 50만 톤 공급을 중지시켰고, 이에 뒤질세라 북한은 다시 핵무기 개발에 돌입하였습니다.

이 시점에 북한은 전기 생산을 위해 핵 개발을 하고 있다는 기존의 주장을 바꿔 본심을 드러냈습니다. 미국을 비롯한 서방세계가 북한을 위협하고 공격하려는 상황에서 자위적 방어 수단으로 핵무기를 가질 수 있다는 것이었습니다. 그리고 오래전부터 핵무기를 보유하려고 했던 김일성의 속마음을 스스럼없이 밝힙니다. '경제지원과 체제보장을 해주면 핵무기 개발을 포기할 테니까 맞바꾸자'는 것이었습니다. 그러나 미국은 쉽게 응할 수 없었습니다. 미국은 2001년 9·11테러를 경험한 뒤 북한·이란·이라크를 '악의 축' 국가로 정하면서 협상 상대로 인정하지 않았기 때문입니다.

결국 갖게 된 핵무기

이런 상황을 해결하고자 나온 것이 '6자 회담'이었습니다. 기존에는 북한과 미국이 북한 핵무기 해결을 위해 회담을 했다면 2003년부터 북한과 미국뿐 아니라 남한과 일본, 중국과 러시아 4개국이 추가되어 총 6개국이 모이는 6자 회담이 시작되었어요. 6자 회담은 북미 간 첨예한 대립을 완화시켜 북핵문제 해결을 할 수 있을 거라 기대를 모았습니다.

그러나 막상 뚜껑을 열어보니 6자 회담은 오히려 6개국 저마다의 의견 차이로 더 복잡해지고 시간이 많이 소모되었어요. 결국 북한은 다시 핵무기 개발에 박차를 가했고, 2006년 1차 핵실험을 시작으로 2017년까지 6차례 핵실험을 하면서 다량의 핵물질과 이를 터트릴 수 있는 장치를 만드는 것에 성공했습니다.

이와 함께 북한이 심혈을 기울였던 것이 미사일 개발이었습니다. 핵무기가 남한이나 일본까지만 날아갈 수 있다면 미국이 굳이 나서서 협상할 필요가 없었을 거예요. 그러나 북한은 핵물질을 싣고 10,000km 떨어져 있는 미국 본토까지 정확하게 날아갈 수 있는 미사일 개발에 몰

북한은 2006년 1차 핵실험 이후 6차례 핵실험을 통해 다량의 핵물질과 이동식 발사 장치를 만드는데 성공했다.

두하여 결국 성공하게 되었습니다.

지상에 고정하여 발사하는 미사일뿐만 아니라 차량에 탑재하여 이동할 수 있고, 심지어 잠수함에 싣고 바다로 이동하여 발사할 수 있는 미사일까지 보유하게 된 것입니다.

북미 정상회담 삼세판을 앞두고

이렇게 미국의 안보에 직접적인 위협이 발생하자 이제는 미국 대통령이 나서지 않을 수 없게 되었습니다. 6·25전쟁 이후 그 어떤 미국 대통령도 북한 최고지도자를 만난 적이 없었는데 그만큼 상황이 심각해진 것입니다.

2018년 1차 북미 정상회담은 이런 배경에서 열리게 되었습니다. 회

▶ 6·12 싱가포르 북미정상회담(2018)
2018년 6월 12일 도널드 트럼프 미국 대통령과 김정은 북한 국무위원장이 싱가포르에서 가진 정상회담으로, 사상 최초로 이뤄진 북미 정상 간 회담이다. 이 회담에서 양 정상은 ▷완전한 비핵화 ▷평화체제 보장 ▷북미 관계 정상화 추진 ▷6·25 전쟁 전사자 유해송환 등 4개 항에 합의했다.
ⓒShealah Craighead

담의 핵심 주제는 역시 북한의 핵무기 해체였습니다. 과거보다 몸값(체제 안전보장 범위와 경제지원 규모)을 더 높이려는 북한과 다시는 속지 않으려는 미국의 팽팽한 긴장감이 대단했습니다.

다행히 1차 회담을 통해 북미 정상은 북한 핵무기 해체와 관련해 큰 틀의 합의를 하게 되었습니다. 이를 본 사람들은 한반도에 평화가 본격적으로 도래하는 것 아니냐는 희망을 품게 되었죠. 그러나 다음 해에 열린 2차 북미 정상회담은 예상과 달리 결렬되었습니다. 북한 핵무기 해체에 구체적인 접근을 하는 순간 북미 간 의견 차이가 워낙 커져버렸기 때문이죠. 미국 트럼프 대통령은 북한 핵무기를 그냥 놔두자니 갈수록 문제가 심각해지고, 해체를 시키자니 북한이 너무 큰 것을 요구하고 있으며 심지어 속일 수도 있다는 의심을 갖고 있었던 것입니다.

그 후 세부적인 사안을 다시 논의하게 되었는데 북한과 미국은 여전히 팽팽하게 맞서기만 하였습니다. 그렇게 시간이 지나 어느덧 미국 대통령선거 일정이 시작되었고 공화당 트럼프 대통령에서 민주당 바이든 대통령으로 정권교체가 되었습니다.

새로 집권한 바이든 대통령은 북한 핵무기 해체와 관련해, 기존 트럼프 대통령과 목적은 같지만 방법은 다르게 가고 있습니다. '모로 가도 서울만 가면 된다.'라는 말이 있듯이 3번째 북미 정상회담에서 뭔가 좋은 결과가 나오기를 기대합니다. 한국 속담에 삼세판이라는 말이 괜히 있는 것이 아니니까요.

함께 얘기해봐요

1 북한이 핵무기를 만드는 과정에서 남한에서도 핵무기를 만들자는 주장이 있었습니다. 남한이 핵무기를 만드는 것에 대해서는 어떻게 생각하나요?

2 북한이 핵무기를 해체하고 미국이 북한의 체제 안전보장과 대규모 경제지원을 하게 되면 북한의 미래는 어떻게 될까요?

03 다른 나라들도 한반도의 통일을 원하나요?

지구본이 있으면 한 번 꺼내서 한반도를 찾아보세요. 한반도 주변에는 어떤 나라들이 있나요? 가깝게는 태평양 건너 동쪽에는 미국, 서쪽에는 중국, 남쪽에는 일본, 북쪽에는 러시아가 있습니다. 공교롭게도 한반도를 둘러싼 네 나라는 이 지역뿐만 아니라 전 세계에 손꼽히는 강대국입니다. 한반도가 지정학적으로 중요한 이유가 바로 여기에 있죠. 그렇다면 한반도를 둘러싼 이 나라들은 한반도의 통일을 원할까요?

지구촌 핫스팟 한반도

최근 군사비 지출을 기준으로 보면 미국·중국·일본·러시아 4개국이 전 세계 국가 군사비의 약 50%를 차지하고 있습니다. 그중 미국이 압도적인 1위 국가이고 중국이 2위, 일본·러시아가 상위권에 있으면서 동

강대국들의 군사력과 경제력이 집중되어 있는 한반도 주변은 '전세계 최고의 화약고'이다.

북아시아 지역을 넘어 군사력을 확대하고 있습니다.

그리고 GDP(국내총생산) 기준으로 보면 4개국은 전 세계 국가 경제력의 43%를 차지하고 있는데, 이 역시 미국이 압도적인 1위 국가이고 중국이 2위입니다. 4개 국가의 군사력과 경제력에 남북한까지 추가하면 군사력과 경제력의 점유율은 더 올라갑니다.

전 세계 군사력과 경제력의 절반이 동북아시아에 집중되어 있다는 것은 이 지역의 상황이 그 지역 안에만 국한되어 있지 않다는 것을 의미합니다. 특히, 한반도 38선은 전 세계 그 어떤 지역보다 많은 무기와 군인이 몰려있는 곳이에요. 그래서 38선을 '전 세계 최고의 화약고'라고 부릅니다.

38선 근처의 작은 마찰이나 사건은 큰 전쟁으로 확대될 수 있기에 그 긴장감은 최고조입니다. 저는 90년대 후반 38선 근처 철원에서 군복무를 했는데 총기오발 사건이 발생해서 먹던 밥도 그대로 놔두고 뛰쳐나갔던 적이 여러 번 있었어요. 군인도 사람인지라 남한이든 북한이든 실수를 하게 되는데 이 실수 때문에 전쟁이 날 수도 있겠다고 걱정했던 아찔한 순간이 많았습니다.

냉전의 Retro, 신(新)냉전

1950년 6·25전쟁 이후 국제 사회는 미국과 소련 두 진영으로 나뉘어 대립하게 되었는데 그 시기를 '냉전(Cold War)'이라고 불렀습니다. 무기를 직접 사용하는 전쟁은 아니지만, 미국을 중심한 자유진영과 소련을 중심한 공산진영이 외교·정치·군사적 수단을 총동원하여 치열한 '경쟁'을 했던 시기입니다.

1990년대 소련이 해체되고 미국이 세계 유일 초강대국으로 남게 되면서 냉전은 자연스레 사라졌습니다. 그런데 2000년대 들어 중국의 경제력이 급성장하면서 미국은 다시 긴장하게 됩니다.

코로나19 변수가 있지만, 중국이 지금과 같은 경제발전 속도라고 한다면 2030년 즈음에 국내총생산(GDP)에서 미국을 앞지를 것으로 예상됩니다. 지난 1세기 동안 경제력으로 미국을 앞질렀던 국가가 없었던 것을 볼 때 중국의 경제성장은 세계정세에 긴장감을 감돌게 하지요.

경제력은 곧 군사력에 영향을 줍니다. 경제력보다는 시간이 많이 들

▶ 중국 항공모함 랴오닝함과 호위함들

2000년대 들어서 중국이 급성장하며, 미국과 패권을 다투는 신냉전시대를 맞고 있다.

겠지만, 2050년이 되면 중국은 미국과 대등한 군사력을 보유할 것으로 보입니다. 과학기술 역시 마찬가지입니다. 이미 몇 년 전에 중국은 세계 최초로 달 뒷면 착륙을 하였고, 미국과 러시아에 이어 우주정거장 건설, 화성 탐사 등을 착실히 진행하고 있습니다.

한반도는 신냉전시대의 최전선으로 세계평화의 열쇠를 쥐고 있다.

추월하려는 중국과 추월당하지 않으려는 미국은 세계적인 주요 현안마다 부딪치고 있습니다. 한반도와 관련한 문제는 더욱 그렇습니다. 몸집이 제법 커진 중국은 동북아시아 지역 맹주 역할을 하려고 하고, 미국은 인정하지 않으려고 하죠. 특히, 북한 핵무기 개발, 대북 제재 등 핵심 이해관계가 있는 사안은 미국을 중심으로 남한과 일본, 중국을 중심으로 북한과 러시아가 편을 나누어 대립하고 있습니다. 동북아시아에 신냉전의 상황이 시작된 것이죠.

한반도는 기존의 초강대국인 미국과 신흥 초강대국인 중국이 맞서는 신냉전의 최전선입니다. 시간이 흐를수록 전선은 약화되는 것이 아니라 더 강해질 것이라는 점에서 한반도가 세계평화의 열쇠라는 것은 과언이 아닐 것입니다.

그렇다면 동북아시아 신냉전 시대를 열고 있는 미국·중국·일본·러시아는 남북통일에 대해 각각 어떤 생각을 하고 있을까요?

미국 : 중국만 잡을 수 있다면 OK

미국의 국가전략을 간단하게 한마디로 정리하면 전 세계 유일 초강대국으로서 지위를 유지하는 것입니다. 그 어떤 국가도 미국에 도전하는 것을 원치 않기에 막강한 군사력을 유지하면서 전 세계 경찰국가 역할을 자임하고 있습니다.

이런 입장에서 동북아시아 상황은 미국으로서는 아주 껄끄럽습니다. 다른 국가나 지역에서 통하는 미국의 입김이 잘 통하지 않기 때문이죠. 특히 북한 핵무기 개발이 그렇죠. 미국은 이와 관련해 2가지 큰 고민이 있습니다.

첫째 고민은 북한 핵무기가 어떤 식으로든 미국 본토를 직접 타격할 수 있다는 것이죠. 북한이 미사일 사거리와 정확도를 높여 핵미사일을 쏘거나 잠수함에 싣고 가까이 다가가서 발사할 가능성도 있겠지만 그 가능성은 희박합니다. 북한이 러시아나 중국처럼 핵미사일이 많지 않고, 발사 순간부터 미국은 정찰위성을 통해 비행과정을 다 보기 때문에 요격하는 것이 어렵지 않습니다. 이에 반해 북한이 미사일을 발사한 순간부터는 미국과 전면전을 치러야 하기에 북한의 선제 핵공격을 감행할 가능성은 크지 않습니다. 김정은 위원장이 바보가 아닌 이상 이런 무모한 일은 하지 않을 것입니다.

그런데 현실 가능하면서 매우 위험한 시나리오가 하나 있습니다. 그것은 북한이 개발한 핵물질이 테러집단 수중에 들어가는 겁니다. 2001년 9월11일 테러로 뉴욕의 초고층건물 2개가 무너졌을 때 미국인들이 받은 충격은 아주 컸습니다.

그런데 핵무기를 소형화하고 핵배낭을 만들어 사람이 메고 백악관 근처나 대도시 한복판에서 터트린다면 어떻게 될까요? 미국이 북한 핵무기 개발을 심각하게 받아들이는 것은, 이런 가능성이 현실이 될 수 있기 때문입니다.

둘째 고민은 북한과의 협상에 계속 훼방 놓는 국가가 있다는 것이죠. 바로 중국입니다.

미국의 핵항공모함 전단. 미군 인도태평양사령부는 중국과 북한을 겨냥해 전력을 강화하고 있다.

미국은 문제가 있는 국가와 협상을 할 때 막강한 군사력과 경제력으로 압박을 주는데 이게 통하지 않는 유일한 나라가 북한입니다. 웬만한 나라는 식량과 물자를 막는 경제적 압박을 하면 두 손 두 발 다 드는데 북한은 효과가 전혀 없어요. 6·25전쟁 이후 북한은 줄곧 미국과 서방세계로부터 경제제재를 받았는데도 꿋꿋이 버텼죠. 그 비결이 무엇일까요?

북한은 식량과 물자 수입의 대부분을 공산주의권 국가에서 했고, 공산주의가 무너진 후 중국에 그 역할을 부탁해서 현재는 90% 이상을 중국에 의존하고 있습니다. 그런 중국이 미국 말을 안 듣고 몰래 북한에 식량과 물자를 보내니 북한도 미국에 쩔쩔매지 않는 것이죠. 미국이 아닌 다른 나라, 그것도 제일 싫어하는 나라인 중국이 제일 강한 영향력을 행사하는 동북아시아 상황은 미국으로서 탐탁지 않을 겁니다.

위 2가지 고민을 한 방에 해결할 수 있는 방법은 어떤 것이 있을까요? 그것은 미국은 북한이 원하는 제재를 풀어주고 북한은 핵무기를 완전하고, 검증 가능하며, 돌이킬 수 없게 폐기하는 것입니다. 북한이 마음에 안 들지만 이렇게 하면 미국 본토에 대한 핵 위협도 막고 동북아시아 영향력도 중국보다 앞설 수 있을 것입니다.

이 과정에서 남한이 미국과 함께 주도권을 발휘해 북한을 잘 다루면서 통일을 위한 준비를 하면 됩니다. 남북한이 통일하여 힘이 강해지면 일본과 함께 중국을 막는데 효과가 더 있다고 미국을 설득할 수도 있죠. 4개 국가 중 미국이야말로 남북한이 통일되어 강해지는 것에 거부감이 가장 약한 국가인 것은 분명합니다.

중국 : 지금이 딱 좋아. 북한은 건들지 마~

중국의 국가전략은 얼른 서둘러 미국과 대등한 위치에 올라가는 것입니다. 중국은 1990년대까지 '어둠 속에서 조용히 실력을 기를 것'을 의미하는 '도광양회'가 전략이었습니다. 그때만 하더라도 중국이 내세울 수 있는 것은 사람 수와 땅 크기, 그리고 과거의 찬란한 역사뿐이었습니다.

이랬던 중국이 경제에 집중해 매년 10% 이상의 성장을 함으로써 21세기에 들어와 미국과 겨룰 수 있는 유일한 국가가 되었습니다. 남한의 최대수출국은 미국이었는데 2000년대 초반 중국으로 바뀌었고 현재까지 최대 고객의 자리를 유지하고 있습니다. 남한 수출의 1/4이 중국에 간다는 것은 중국이 남한에 얼마큼 중요한 시장인지 알 수 있어요. 백화점에서 가장 물건을 많이 사는 고객에게 VIP등급을 매겨 여러 가지 혜택을 주는데 남한으로서는 중국이 VVIP인 거죠. 2등인 미국보다 거의 2배를 사고 있으니까요.

중국은 세계 최대의 공장이자 시장이며, 현재 남한의 1위 수출국이다.

중국은 수입만큼 수출도 많이 합니다. 중국은 세계의 시장이면서 공장이기도 하죠. 이런 막강한 경제성장을 기반으로 군사력을 키우고 있고 국제무대에 자국의 영향력을 확장하고 있습니다. 시간은 중국 편이기에 중국 입장에서 동북아시아는 현 상태로 유지되는 것이 가장 좋을 것입니다.

즉 북미 간, 남북 간 갈등이 커지는 것을 원치 않고 반대로 너무 가까워지는 것도 바라지 않는 거죠. 중국은 남북통일을 반대하지 않겠지만 이 과정에 통일한국이 미국에 너무 편향되면 북한을 움직여 없던 일로 할 수 있는 힘을 갖고 있습니다.

중국이 가장 우려하는 것은 미국이 한반도 문제에 개입한다고 하면서 실제로는 중국을 봉쇄하는 것입니다. 필리핀·대만·일본의 해상라인을 강화해 중국이 태평양을 향해 나오는 것을 막는 미국의 전략에 통일한국이 어떻게 대응할 것인가는 초미의 관심사입니다. 중국이 통일한국을 자기편으로 만들 수 없다면 최소한 북한만큼은 놓지 않으려고 하겠죠?

일본 : 우리는 눈치 100단!

한국인들은 일본에 대한 편견이 많은데 남북통일과 관련해서도 있습니다. 남한과 북한이 통일되면 강대국이 되어 일본에 복수할 거니까 '일본은 남북통일을 반대할 것이다'라는 얘기죠. 참 그럴듯한 이야기지요. 그런 생각으로 남북통일을 반대하는 일본인은 있겠지만 소수 의견일 뿐입니다.

일본의 관심은 북한 핵무기와 경제협력에 집중되어 있습니다. 일본은 핵무기 피해를 받은 지구상 유일한 국가이기에 그 어느 나라보다 북한 핵무기 개발과 위협에 극심한 스트레스를 받습니다. 북한 미사일 시험발사는 주로 동해 방향으로 하는데 가까운 남한보다 일본이 더 예민하게 반응하는 것을 심심치 않게 볼 수 있습니다.

일본은 현재 남북분단 상황에서도 북한 자원과 물류에 관심이 많습니다. 지리적으로 가까운 북한 자원을 활용한다는 것은 일본에 큰 이익이 되죠. 또한 한반도를 통해 중국, 러시아 철도를 활용해서 대륙으로 물류를 이동하는 것도 주요 관심사입니다.

남북통일 과정에서, 다방면의 일본 협조를 동원할 필요가 있다.

남북통일에 대한 일본 입장은 미국과 크게 다르지 않아요. 미국이 주도하는 방향에 따라가되 일본의 주장이 관철될 수 있도록 미국을 움직일 것입니다. 결국 성공하지는 못했지만 1차 북미 정상회담 합의문서에 북한의 일본인 납치문제 해결 문구를 넣으려고 시도했던 것만 보더라도 어떻게든 숟가락을 얹으려고 합니다.

남한은 이런 일본의 눈치 보기를 굳이 싫어할 필요가 없습니다. 오히려 일본의 체면을 세워 주면서 통일 과정에서 다방면의 협력을 하는 게 좋습니다. 특히 북한지역 경제개발에 있어 일본의 자본과 기술을 잘

유치하면 남한의 부담을 덜면서 한국과 일본 두 나라 모두에게 큰 이익이 될 수 있거든요.

러시아: 라떼는 말이야~

북한 핵무기 해체를 위해 열렸던 6차례의 6자 회담에서 눈에 띄는 나라가 있었다면 러시아입니다. 비록 6자 회담은 결렬되었지만, 그 과정에서 러시아가 보여줬던 행보는 북한과 중국만을 따라가지 않고 때로는 남한의 입장을 일정부분 지지하는 것이었습니다. 이를 통해 보더라도 향후 남북통일 과정에서 미국과 중국이 부딪히는 상황이 발생하면 러시아가 조정자의 역할을 할 수 있지 않을까 기대가 됩니다.

러시아는 공산주의 종주국이자 북한 핵무기 개발의 원조임에도 불구하고 현재 한반도에 영향력이 약한 것에 불만이 많습니다. 이를 만회하고자 2019년 푸틴 대통령은 김정은 위원장을 만나 6자 회담 재개를 말하기도 하였는데 가능성은 거의 없어 보이네요.

그래도 부자는 망해도 3년은 간다는 말이 있듯이 미국과 대등했던 러시아를 무시하면 안 되겠죠. 다행인 것은 러시아가 남북통일에 적극적인 지지를 하고 있다는 겁니다. 남북통일이 되면 전 세계 무역 9위인

북한 핵 폐기를 위해 6자회담이 여러번 열렸지만, 결국 퍼즐을 풀지 못했다.

한국과 4위인 일본의 물류가 러시아 철도를 통해 유럽으로 이동할 수 있다는 것에 큰 희망을 품고 있습니다. 러시아는 철도만 잘 관리하기만 하면 편하게 앉아서 돈 버는 거죠.

또한 러시아는 여전히 전 세계에 땅덩어리가 가장 넓은 나라이기에 상대적으로 서쪽보다 낙후된 동쪽지역 개발도 남북통일 훈풍을 타고 본격적인 궤도에 오르기를 바라고 있습니다. 이렇게 보니 한민족 제외하고 남북통일을 가장 원하는 나라는 러시아 같기도 합니다.

한반도 주변국들의 남북통일에 대한 생각이 각자 다양하지요. 어때요? 이들의 상황을 잘만 이용한다면 남북통일로 가는 길이 예상보다 쉬울 수도 있겠다는 생각이 들지 않나요?

함께 얘기해봐요

1 미국은 중국, 일본, 러시아와 달리 한반도와 멀리 떨어져 있는 나라인데 왜 한반도 문제에 직접 개입하고 있나요? 언제부터 그랬을까요?

2 남북한이 통일되면 어떤 나라가 가장 이익이 있을까요?

04 남한은 북한을 꼭 도와야 하나요?

분단 후 남한 정부에서는 북한 사람이 거지처럼 산다고 하고, 반대로 북한 정부에서는 남한사람이 거지처럼 산다고 했습니다. 어차피 갈 수 없는 곳이기에 그렇게 말하면 다들 그렇게 믿었습니다. 행복은 상대적인 비교에서 온다고 하잖아요. 지금 우리가 못살지만 그래도 '상대보다는 낫다'라는 것만으로도 다행이라고 생각했던 시절이 있었죠.

남한이 북한보다 가난했다고요?

6·25전쟁 직후에는 북한이 남한보다 잘 살았습니다. 북한이 대략 2배 정도 잘 살았습니다. 일제강점기 때 한반도 이북지역에 많은 공장들이 들어섰고 자원도 풍부했기에 북한은 이를 활용해 빠르게 경제성장을 할 수 있었습니다. 이에 반해 한반도 이남지역은 자원도 빈약하고

★ 보릿고개
지난 가을 수확한 곡식이 다 떨어져 먹을 것이 없는 5-6월을 의미

농업 위주의 경제체제였기에 성장이 더디었죠.

게다가 남한은 전쟁으로 인해 그나마 있던 농업기반마저 대부분 파괴되어 만성적인 식량부족을 겪었습니다. 보릿고개에는 먹을 것이 너무 없어 나물이나 풀뿌리와 나무껍질로도 죽을 해 먹고, 미군들이 먹다 남은 잔반으로 꿀꿀이죽이라는 것을 해 먹기도 했어요. 아래 글을 보면 전쟁으로 인해 남한의 비참했던 생활상을 엿볼 수 있지요.

1952년 경북 한 곳을 갔더니 동리 사람의 대부분이 쑥도 먹지 못하고 굶어 몸은 터지게 붓고 심지어 흰 흙을 여러 가지 풀잎과 같이 씹고 있다. 솥에 낟알 곡식이 들어가지 못한지가 40일이다 혹은 60일이다 하고 허리띠를 졸라매고 죽을 근력도 없어 자살도 하지 못한다는 말을 들었다. (신중목, 『전환기에 선 농촌문제』, 국민교양협회, 1954, 68쪽)

다행히 남한은 미국으로부터 대규모 무상원조를 받아 어려움을 이겨내고 1970년대 본격적인 경제개발에 시동을 걸면서 고속성장을 하게 되었습니다. 이렇게 되어 1970년대 초반에 남북한 경제력은 비슷해졌습니다. 그리고 그 후부터는 남한이 북한을 추월하기 시작했습니다.

1980년 초반 남한에 물난리가 나자 김일성은 북한에서 수해물자를 지원해주겠다고 남한에 제안했습니다. 그때는 이미 남한이 북한보다 잘살게 되는 시기였기에 북한이 남한을 도와준다고 하니, 참으로 의아한 일이었죠. 그 당시 남한의 실상을 잘 모르고 있던 북한 주민들은 여전히 헐벗고 굶주린 남한이라 생각하고 있었고, 김일성은 북한 주민들이 계속 착각할 수 있도록 심한 허세를 부렸던 것 같아요.

북한 주민이 어떤 생각을 하든 남북한 경제력은 계속 벌어졌고 그

차이는 현재까지 왔습니다. 2020년 기준으로 북한의 1인당 국민총소득(GNI)은 남한의 27분의 1입니다. 즉, 1년 동안 남한사람이 100만원 벌었으면 북한 사람은 3만7천원 벌었다는 거죠.

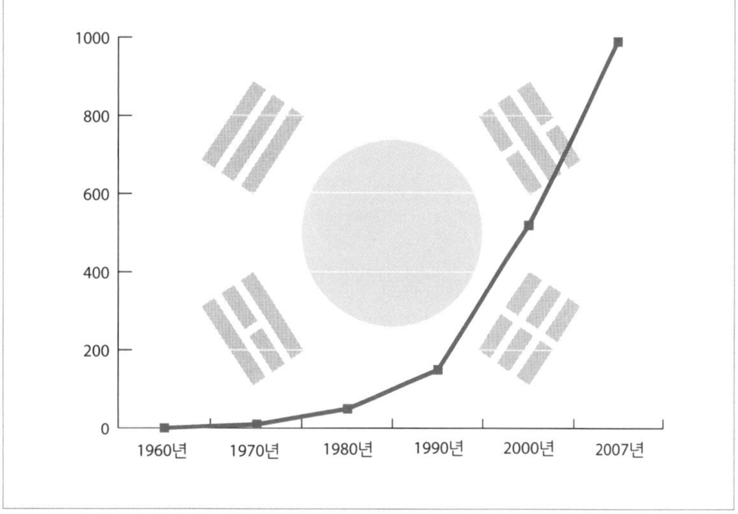

▶ 국내총생산 그래프 (1960~2007)

반세기만에 대한민국은 국내총생산 1조 달러를 기록하였다.

북한 주민들의 '내가 더 잘나가'라는 환상은 점점 깨지게 되었어요. 1990년대 중반 큰 홍수로 인해 북한은 국제 사회에 식량·의약품 등을 요청하였고, 이 과정에서 북한 내부 모습들이 사진이나 영상으로 알려졌기 때문이죠. 예상했던 것보다 더 열악한 북한 주민들의 모습에 세계가 놀랐고 탈북자들이 넘쳐나게 되어 다시 한 번 놀랐습니다.

북한 사람들도 남한사람들이 훨씬 잘 살고 있다는 것을 알게 되는데요. 그 원인은 1990년대 말 시작했던 금강산 관광이었습니다. 남한 관광객의 옷차림, 돈 쓰는 모습 등을 보면 굳이 잘 산다고 말할 필요도 없었지요. 심지어 저에게 "같은 황인종이지만 피부색이 다르네."라는 얘기를 하는 북한 사람도 있었습니다.

분단 후 50년 만에 '남한과 북한 중 누가 더 잘 사는가.'의 결론은 '남한'이 되었습니다. 서로 말하지 않아도 명확히 알 수 있었죠. 그런데 남북한의 격차가 벌어질수록 이런 질문을 자주 받습니다. "잘사는 남한이 못사는 북한을 굳이 도와줘야 하나요?"

북한의 식량 생산이 남한보다 많다고?

'북한을 도와줘야 할까?'에 대해서 다양한 의견들이 있어요. 무엇이 답이라고 단언하기는 어렵지만 먼저 북한이 현재 처한 상황을 아는 것이 필요할 것 같네요. 적당히 못 살면 도와주지 않아도 그렇게 미안하지 않을테니까요.

가장 먼저 살펴봐야 할 것은 식량문제일 것입니다. 북한은 현재 인구 기준으로 매년 700만 톤의 식량이 필요합니다. 북한 농업은 농사가 잘될 때는 600만 톤, 잘 안될 때는 500만 톤 정도를 생산합니다. 100만~200만 톤의 식량이 부족한 상황인 거죠.

그런데 한 가지 알아야 할 것은 북한의 식량 생산이 남한의 식량 생산보다 더 많다는 것입니다. 쌀은 남한이 더 많이 생산하고 있지만, 전체 곡물로 보면 북한이 30만 톤을 남한보다 더 생산하고 있습니다.

즉, 북한의 식량부족은 생산이 적어서가 아니라 식량을 수입할 돈이 없어서라고 봐야 합니다. 사실 현대 국가 중 식량을 자급자족하는 국가는 거의 없습니다. 미국이나 러시아같이 아주 넓은 곡창지대가 있는 나라에서 수출하는 식량을 수입해서 먹고 있는 거죠.

북한은 만성적인 식량부족 국가이지만 다행히 최근에는 굶어죽는 주민이 생길 정도는 아닙니다. 문제는 취약계층의 영양실조 및 영양불균형입니다. 식량은 당 간부나 300만 평양시민, 군대에 우선 공급됩니다. 모두 균등하게 나누면 각자 조금 부족할 텐데, 차별해서 나눠주니 뒤에 받는 일반주민들은 매우 부족합니다.

특히, 영유아들의 피해가 큽니다. 어른들이야 쌀이 없다 하더라도 옥수수, 감자 같은 식량을 대체할 수 있는 것을 먹거나 심지어 나무껍

질이나 뿌리를 먹기도 하지만, 영유아들은 아직 이를 소화하는 것이 어렵기 때문입니다.

영양불균형의 결과는 북한 주민들의 키와 몸무게를 통해서 바로 드러납니다. 남북한 성인의 평균 키는 8cm 이상 차이가 납니다. 어렸을 때 제대로 먹지 못해서 멈춘 성장은 나중에 제대로 먹는다고 해서 기회가 다시 오는 것이 아니기에 더욱 안타깝습니다.

식량만큼 어려운 북한의 주거환경

먹는 것 외에 북한의 주거환경도 어렵습니다. 북한은 모든 가구에 주택을 보급하고 있다고 자랑하지만, 주택이 넉넉지 않아 1주택에 2가구가 사는 경우도 많습니다.

주택보다 더 심각한 것은 전기에 접근할 수 있는 인구 비율이 35%라는 것입니다. 전기가 인간의 삶에 어느 정도 영향을 줄까요? 우리도 생활하다 보면 갑자기 전기가 끊기는 경우가 있지요. 전기기구를 반나절만 사용하지 않아도 불편한 게 참 많습니다. 냉장고의 음식이 상하고, 냉방이나 보일러가 멈추고, 세탁기도 돌릴 수 없으며, 밤에는 어둡고, 핸드폰 충전도 안 되죠. 전기는 삶의 편리함만이 아니라 위생적이고 안전한 생활을 위해서도 꼭 필요합니다.

건강한 삶에 중요한 깨끗한 물도 구하기 어렵습니다. 북한의 수돗물 보급률은 60%입니다. 이를 바꿔 말하면 북한 인구의 40%는 원할 때 깨끗한 물을 마실 수 없다는 것을 의미합니다. 하수 처리율은 48%인데, 공장과 가정에서 사용하는 물의 50% 이상이 제대로 처리되지 않고 바

▶ **북한의 노동현장**
원시적인 도구로 더러운 환경에서 평소에 열심히 일하는 많은 노동자를 볼 수 있으며 여성도 예외는 아니다.
ⓒ로만 하락

로 하천이나 땅으로 가서 오염시킨다는 말입니다. 이는 다시 상수도 수질에 안 좋은 영향을 주지요.

전기와 물이 부족한 상황은 단순히 생활의 불편함으로 끝나지 않고 인간의 건강한 삶과 기대수명에 큰 영향을 줍니다. 이는 북한 주민의 건강지표를 보면 확연히 알 수 있습니다.

북한의 산모 사망률은 남한보다 4배 이상 높습니다. 신생아 사망률은 남한보다 5배, 5세 미만 어린이 사망률은 5.5배 높습니다. 북한의 평균수명은 남자 67살, 여자 74살로 남한보다 각각 12살 정도 낮고요.

낮은 기대수명과 높은 사망률은 낙후된 북한 의료체계가 직접적인 원인이기도 합니다. 북한은 대외적으로 '무상 의료제도'를 선전하고 있지만, 의료수준이 굉장히 낮고 평양과 지방간 격차가 매우 큽니다.

북한 의료체계의 가장 핵심적인 문제 중 하나는 '약이 없다'는 것입니다. 아픈 원인을 진단하더라도 약을 줄 수 없는 상황입니다. 소수의 특권층이나 돈주들은 장마당을 통해 비싸게 약을 구하고 있지만, 일반 주민들은 참는 것 외에 방법이 없습니다.

그렇다고 참아야 하는 병이 말기 암이나 불치병을 말하는 것이 아닙니다. 결핵·간염·말라리아·기생충 질환같이 약으로 쉽게 고칠 수 있는 질병을 얘기하는 것입니다. 후진국이 선진국과 비슷한 의료체계를 갖추기는 어려워도, 후진국들도 약만 제대로 준비하면 웬만한 병은 예방하고 어렵지 않게 고칠 수 있습니다.

충분히 고칠 수 있는 병에 북한 주민들이 그대로 방치된 것은 마음이 참 아픕니다. 오죽하면 수술할 때 사용하는 마취약도 모자라 환자가 수술 중 마취가 깨어나는 경우가 많다고 합니다. 엎친 데 덮친 격으로 코로나19는 장마당에서 약을 구하는 것도 힘들게 하고 있습니다.

인도적 지원을 하기 어려운 북한

북한의 경제순위는 전 세계 국가 중 125위 정도로 추정되고 있습니다. 최근에는 더 안 좋아져서 전 세계 국가 하위 10%라는 얘기도 있습니다. 북한의 식량, 전기, 물, 의약품 상태는 비슷한 경제력의 국가들보다 더 심각합니다. 인간다운 삶을 위해 기본으로 제공해야 할 것들이 절대적으로 부족한 거죠. 왜 이런 상황이 발생한 걸까요?

북한의 어려운 전력사정으로, 인공위성에서 내려본 한반도 북쪽은 암흑에 잠겨 있다.

그 이유는 북한에 대한 국제사회의 제재 때문입니다. 북한은 1993년 핵확산금지조약(NPT)을 탈퇴하면서 처음 국제사회의 제재를 받게

심각한 북한 식량문제를 다룬 서방세계의 그래픽 한 장면

되었습니다. 그 후 여러 번의 핵무기 개발 실험을 하여 10여 건이 넘는 제재를 받게 되었죠.

초기 대북 제재 내용은 무기 수출 제한이나 금융자산 동결 정도였는데 최근에는 석유공급의 제한, 해외노동자 제한, 북한에 수출입 금지하는 품목 확대 등 상당히 넓어졌습니다. 법을 어겨 처벌을 받았는데, 계속해서 법을 어기면 처벌의 강도가 커지듯이 북한이 딱 그런 상황이 되었습니다. 이로 인해 북한은 다른 나라와 달리 식량, 전기, 물, 의약품의 직접적인 원조와 근본적인 원조가 다 막혔습니다.

유엔기구와 국제 NGO들은 전 세계 어느 곳이든 식량, 전기, 물, 의약품이 부족한 곳에 인도적 지원을 하고 있습니다만, 북한에 지원하는 것은 주저하거나 포기할 때도 많습니다. 왜냐하면 지원한 물자가 북한 주민에게 가는 것이 아니라 군대로 들어갈 수 있기 때문입니다. 물론 아프리카 국가들 같은 경우에도 비슷한 문제가 있었지만, 북한은 지정학적 위치 때문에 세계평화에 더 큰 위협이 된다는 차원에서 더 까다롭게 다룹니다.

최근 국제 사회의 인도적 지원은 해당 물품을 원조하는 것보다 '스스로 생산할 수 있게 하는 것'으로 바뀌고 있습니다. 물고기를 주는 것이 아니라 물고기 잡는 법을 알려주는 것이죠.

생산 기반을 마련해주기 위해서는 기계가 현지에 들어가야 하는데 북한에 적용하는 것은 불가능합니다. 군사적 목적으로 사용될 수 있는 그 어떤 것도 안 되기 때문이죠. '식량, 의약품 만드는 기계가 어떻게 군사 목적으로 사용될 수 있느냐'고 물을 수 있습니다. 하지만 붕어빵 만드는 기계도 북한에 못 들어갑니다. 북한 군인이 추운 겨울에 붕어빵을 만들어 먹을 수 있고 하다못해 철을 녹여 총을 만들 수 있으니까요.

그래도 돕자

남한은 북한을 도와주고 싶어도 현재는 제대로 도와줄 수 없습니다. 대북 제재는 미국만이 아니라 남한도 동참하고 있습니다. 그렇기에 제대로 도와주는 것은 나중에 북미간 합의 후 가능합니다. 지금 당장 할 수 있는 것은 식량, 의약품 같은 인도적 물품을 지원하는 것밖에 없습니다. 물론 이것도 국민적 합의가 선행되어야 할 것이지만 4가지 이유에서 당장 해야 한다고 생각합니다.

첫째는 미우나 고우나, 한민족이냐 아니냐를 떠나 남한과 가장 가까운 곳에 있는 사람들이 고통받고 있다는 것입니다. 김정은이 싫고 북한이 싫을 수 있지만, 우리와 같은 사람이 굶주림과 병에 시달리는 것에 눈을 감을 수 없습니다. 게다가 현재의 그 고통은 미래에 큰 후유증으로 남을 것입니다.

둘째는 돕는 것이 그렇게 어렵지 않습니다. 우리에게는 쉬운 일입니다. 남한의 경제력으로 볼 때 북한에 지원할 식량과 의약품은 충분히 감당할 수 있습니다. 연봉 1억인 사람이 한 달에 만원씩 불우이웃돕기 하는 것처럼 어렵지 않습니다. 심지어 남한은 쌀이 남아돕니다.

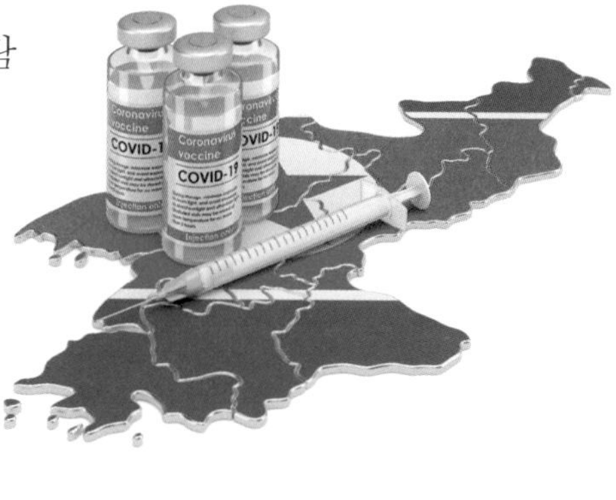

셋째는 돕는 것을 주저할 이유가 없기 때문입니다. 예를 들어 남한이 보낸 식량과 의약품이 북한 군대로 들어가는 것에 대한 우려는 다르게

생각해 볼 수 있습니다. 현재 한반도 상황에서 북한 군대의 식량이 풍부해지면 전쟁을 일으킬 가능성이 커질까 고민해보면 그렇지는 않습니다. 남한의 원조가 당연히 북한 주민에게만 돌아가면 가장 좋은데, 그게 쉽지 않다고 해서 원조 자체를 굳이 포기할 필요는 없습니다.

넷째는 남한에도 이롭기 때문입니다. 혹시나 북한에 식량, 의약품 부족의 문제로 대규모 북한 주민들이 남한으로 건너오는 비상사태가 생길 수 있어요. 북한이 무너지면 좋은 것 아니냐고 할 수 있지만, 남한이 예측할 수 없는 사태는 결코 남한에 이롭지 않죠. 남한에 와있는 북한이탈주민 3만여 명도 겨우 소화하고 있는 현재, 30만 명이 38선을 넘어 남한으로 건너오면 어떻게 될까요? 그 숫자가 300만 명이 될 수도 있고요. 이런 상황이 오지 않는 것은 남한에 이로운 것입니다.

함께 얘기해봐요

1 과거 남한과 북한은 체제 경쟁을 하면서 자존심 대결을 하였습니다. 남한이 수해로 인해 어려움을 겪을 때 북한이 제안한 도움을 덥석 받았습니다. 그 당시 북한보다 잘 살던 남한 정부가 북한의 도움을 받은 이유는 무엇일까요?

2 식량, 전기, 물, 의약품 외에 북한이 필요한 것은 어떤 것들이 있을까요?

05 통일을 반대하는 3가지 이유

제가 학교 다닐 때 '우리의 소원은 통일'이라는 노래를 부를 때가 많았습니다. 호국보훈의 달인 6월에는 특히 더 많이 불렀던 것 같습니다. 생각해보면 남북통일이 왜 우리의 소원이 되어야 하는지 생각해본 적은 없었던 것 같습니다. 남북통일을 꼭 이루어야 할까요?

통일을 반대할 수 있는 권리

통일을 찬성하는 사람들의 이유를 들어보면, '원래 우리는 하나다.' '통일되면 강대국이 된다.' '이산가족이 불쌍하다.' '북한 주민도 불쌍하다.' 등의 비슷한 레퍼토리가 있습니다. 물론 틀린 말은 아닙니다. 그러다 제가 대학생이 되었을 때 조금 삐딱한 생각을 한 적이 있습니다. 통일을 반대하지는 않지만, '통일을 굳이 해야 하나?'라는 거죠.

그런데 요즘은 저보다 한발 더 나아가 통일을 반대하는 사람들이 많아진 것 같습니다. 반대하는 이유는 저마다 다르지만 크게 3가지로 압축됩니다.

첫째는 통일비용이 너무 크다고 생각합니다. 통일되면 더 많은 일자리도 생기고 나라가 부강해진다고 해도, 당장은 비용이 많이 들어갑니다. 낙후된 북한을 개발하기 위해서 남한 국민의 부담은 커지겠지요. 특히, 요즘 젊은이들은 취업난에 시달리고 경제적인 이유로 결혼, 출산, 육아를 미루거나 포기하는 상황이다 보니 막대한 통일비용을 부담하는 것에 아주 예민합니다.

둘째는 북한에 대한 적대감이 아주 큽니다. 6·25전쟁 직후 북한은 남한에 크고 작은 공격을 하였습니다. 평화통일하자고 하면서 몰래 땅굴을 파고, '우리민족끼리'라면서 남한 국민의 목숨을 빼앗아갔습니다. 그래서 북한이라는 단어만 나와도 치를 떠는 남한 국민이 많습니다. 그

▶ **제3 땅굴**
북한이 파내려온 휴전선
제3땅굴의 남쪽 진입로 입구

런데 신기한 것은 6·25전쟁이나 북한의 무력도발을 경험하지 않은 20대들이 기성세대보다 대북 적대감이 큽니다.

셋째는 남한과 북한이 달라도 너무 다르다고 봅니다. 분단된 지 70년이 넘었으면 이제 남남이 된 것이 아니냐고 스스럼없이 얘기합니다. 2000년 직후 10여 년간 진행된 남북교류로 남북의 이질감을 확인하였다면, 그 후 생긴 남북단절은 그 이질감을 좁히기엔 너무 늦었다는 단념을 하게 만들었습니다. 통일되면 분단보다 더 혼란스러울 것 같다고 얘기합니다.

이런 대표적인 3가지 견해는 또 다른 다양한 의견과 연결되면서 논리와 깊이가 더해지고 있는데 좀 더 구체적으로 살펴보겠습니다.

통일비용은 누가

북한은 2016년을 정점으로 경제가 뒷걸음치고 있습니다. 대부분의 나라에서 보통 경제성장률은 플러스를 기록하는데, 2020년 북한의 경제성장률이 -4.5%라는 것은 심각한 상황입니다. 대북 제재만으로도 어려운데 최근에는 코로나19까지 북한경제에 족쇄가 되고 있습니다. 시간이 흐를수록 남한과 북한의 경제력 차이는 더 벌어지고 있는데요. 이는 통일이 되면 남한 국민이 부담해야 할 통일비용은 더 커지는 것을 뜻합니다.

통일비용은 얼마가 될 것인가는 발표하는 기관마다 다 다른데, 그 이유는 무엇을 통일비용에 넣느냐 하는 생각이 다르기 때문이에요. 예를 들어 결혼할 때 드는 비용을 계산하는 것과 비슷할 수 있습니다. 어

▶ **코로나19와 북한경제**
마이너스 경제성장률의 북한 경제에 코로나19는 어려움을 가중시키고 있다.

떤 사람은 결혼식 당일에 예식장 빌린 것만 비용으로 생각할 수도 있고, 신혼여행 비용까지 포함하는 사람, 결혼 후 함께 살 집과 그 안에 들어갈 가구들까지 넣는 사람도 있을 것입니다.

그렇다면 통일비용은 어떻게 계산해야 할까요? 우리보다 먼저 통일한 통일독일의 사례를 참고하면 좋을 것 같아요. 독일은 도로, 철도, 도시개발 등 사회간접자본에 투자하는 것과 함께 동독 주민들을 위한 사회보장 지출인 연금, 임금, 각종 보조금을 포함하여 통일비용을 계산하고 있습니다.

독일은 통일 이후의 통합과정에서 '통일비용'으로 15년 동안 총 2,830조 원 정도가 들었는데 연간 약 200조 원 정도 됩니다. 남한 정부 1년 예산이 550조 원 정도 되는데 200조 원이라면 약 40%네요. 서독은 상대적으로 낙후되어 있던 동독을 서독의 80% 정도 수준으로 끌어올리기 위해 이 정도의 통일비용을 사용하였습니다.

그렇다면 북한을 남한의 80% 정도 수준으로 끌어올리기 위해 얼마의 비용이 들까요? 아주 정확한 추산은 아니지만, 연구기관과 학자들은 대략 45년간 4,657조 원이 들 것으로 예상합니다. 독일보다 기간과 총액이 2배 정도 큰 거죠. 이렇게 기간과 총액이 더 큰 이유는 그만큼 남북한의 경제 격차가 크기 때문입니다. 동독보다 북한이 훨씬 더 가난하기에 남한의 출혈이 그만큼 큰 것입니다.

통일비용이 얼마인가도 중요하겠지만 이 비용을 누가 어떻게 책임질 것인가는 더 중요할 것입니다. 독일의 경우 통일비용 대부분은 서독 국민의 세금에 의해 충당되었습니다. 남북통일이라고 별수가 있겠습니까? 독일과 약간의 차이가 있을 수 있겠지만 결국 남북통일 과정에서 남한 국민의 세금에 크게 의존할 것입니다.

세금을 더 내야 하는 것을 좋아하는 사람은 없을 것입니다. 더욱이 남한 사회는 심각한 저출산 고령화 사회로 진입하였고, 젊은이들은 앞으로 노년층을 책임지기 위해 많은 세금을 내야 합니다. 그런데 북한의 통일비용까지 책임져야 한다면, 결코 달갑지는 않겠죠.

매년 통일 관련 기관에서 통일비용에 대한 설문조사를 하는데 남한 국민, 특히 남한 젊은이들의 생각은 확고하다고 합니다. '통일비용으로 얼마를 낼 용의가 있는가?' 질문에 가장 많은 대답은 '1년에 10만원 미만', 두 번째 많은 대답은 '아예 낼 생각이 없다.'였습니다. 통일비용을 많이 내야 한다면 통일은 싫다는 것입니다.

북한에 대한 적대감

6·25전쟁 이후 김일성은 남한에 대한 적화통일의 꿈을 버리지 않았습니다. 계속 간을 보듯이 남한에 간첩이나 무장 세력들을 보내 혼란을 일으켰습니다. 판문점에서 도끼를 휘둘렀고, 남한의 대통령을 암살하기 위해 특수부대를 보냈고, 공산당이 싫다고 말한 어린이와 가족을 무참히 죽였습니다.

제가 입대하기 한 달 전인 1996년에 북한의 특수부대가 잠수함을 타고 내려왔다가 좌초된 사건이 발생했습니다. 잠수함을 빠져나온 특수부대를 잡기 위해 남한 전 지역이 비상이 걸렸고 10명이 넘는 남한 군인과 민간인이 희생되었습니다. 2010년에는 천안함 피격과 연평도 포격이 있었습니다. 남한 국민들은 6·25전쟁도 모자라 끊임없이 무력도발을 일삼는 북한에 대해 공포심과 함께 적대감을 갖고 있습니다.

▶ 북한 특수부대 침투사건
1996년 9월 조선민주주의인민공화국 상어급 잠수함이 대한민국 강원도 강릉시 부근에서 좌초된 후 잠수함에 탑승한 인민무력부 정찰국 소속 특수부대원 26명이 강릉 일대로 침투한 사건이다.
ⓒ주한미군

2017년부터 2019년까지 3년 동안 연령별 북한에 대한 적대의식을 조사한 것이 있는데 전 연령대에서 2017년은 높았고, 2018년은 낮았습니다. 2017년은 한반도 전쟁위기설이 나오던 때였고, 2018년은 평창 동계올림픽부터 남북관계가 좋아지는 시기였죠. 그런데 한 가지 눈여겨볼 것은 북한의 무력도발을 경험했던 기성세대와 젊은 세대가 큰 차이가 없다는 것입니다.

비록 북한의 공격을 직접 경험하지 않았지만, 과거 북한의 잘못에 냉정한 판단을 하는 거죠. 그런데 젊은 세대의 적대감은 기성세대의 그것과는 조금 다릅니다. 북한에 대한 에누리가 전혀 없습니다. 기성세대는 북한을 적대시하면서도 통일된 나라에서 함께 살아야 할 애증의 상대로 보는 것에 비해 젊은 세대는 아예 다른 나라로 보는 경향이 있습니다.

그들의 눈에 북한은 핵무기 하나만 믿고 떵떵거리는 못난이입니다.

2017년에 한반도 전쟁위기설이 나오면서, 북한에 대한 적대의식이 높아졌었다.

김정은을 비롯한 북한 지도자의 공격적인 언행에 공포심이나 적대감보다는 속된 말로 '재수 없다'고 생각합니다. 2019년 북미 정상회담 결렬과 남북관계 경색 국면에서 터져 나온 북한 지도자들의 말 역시 그들에게는 '왕재수'였습니다. 2019년 20대의 대북 적대감은 급상승해서 모든 연령 중에서 가장 높았던 것만 보더라도 알 수 있습니다. 북한에 대해 남한 국민이 갖는 감정은 곧 북한에 대한 불신이 크다는 것을 보여줍니다. 남자와 여자가 결혼할 때 가장 중요한 것은 상호신뢰라는 말이 있는데, 이 기준으로 보면 남북통일은 쉽지 않아 보입니다.

너무나도 다른 남과 북

'북한' 하면 떠오르는 것을 얘기할 때 핵무기 말고 자주 나오는 단어가 '미녀응원단'입니다. 2002년 부산아시안게임에 처음 남한에 왔던 북한 응원단은 2003년 대구 하계유니버시아드, 2005년 인천 아시아육상선수권대회에 왔었고 최근에는 2018년 평창 동계올림픽도 참석했습니다.

김정은 위원장의 아내가 된 이설주도 여고생 시절인 2005년에 응원단으로 인천에 왔었습니다. 그때 저도 민간행사 스태프로 인천에서 북한 관계자들과 만났었는데 이럴 줄 알았으면 여고생 이설주와 제대로 인사라도 나눌 걸 그랬습니다.

'미녀응원단'이라는 단어 자체가 성 상품화라는 논란의 여지도 있지만, '남남북녀(南男北女)', 북한 여성에 대한 호기심, 특이한 응원문화로 남한사람들의 폭발적인 관심을 받았습니다.

그런데 이 응원단과 관련해 응원보다는 플래카드 소동을 기억하는 남한사람들이 많은데요. 2003년 대구에서 열린 유니버시아드 기간에 버스로 이동하던 북한 응원단이 갑자기 도로에서 멈췄습니다. 김대중 대통령과 김정일 위원장이 악수하는 사진이 인쇄되어 있었던 플래카드가 비를 맞고 있는 것이 문제였죠. 북한 응원단은 버스에 내려 플래카드를 떼어 고이 가져가면서 "어떻게 장군님의 사진이 비를 맞을 수 있냐."라고 항의를 하였습니다. 이 모든 모습이 고스란히 카메라에 잡혀 방송되었는데, 이를 본 남한사람들은 황당하였습니다. 북한 응원단을 환영하는 의미로 플래카드를 걸었던 당사자들도 마찬가지였죠.

2000년부터 시작된 남북한 교류는 감동의 순간이기도 하였지만, 남북의 차이를 확연히 느끼는 일들이 많았습니다. 남북한 만남이 아예 없을 때는 '남북의 차이는 충분히 좁힐 수 있다.'라는 막연한 자신감이 있었는데 실제 겪고 보니 만만치 않았던 것입니다.

2018 하계청소년올림픽 폐막식에 참석한 북한선수들
©가스톤 쿠엘로

북한이탈주민 역시 마찬가지입니다. 남한에 정착해 살아가면서 대중교통 타는 법, 은행 이용하는 방법 등은 금방 배우지만, 자유민주주의 체제는 도통 이해가 안 되는 구석이 많다고 느낀다고 합니다. 처음에는 경제적 차이로 인한 것으로 생각을 했는데, 경제적으로 자리를 잡은 후에도 좁혀지지 않는 문화적 차이가 있다는 것이죠.

한 예로 직업 선택이 그렇습니다. 북한은 국가가 각자 어떤 일을 해야 할지 결정해서 알려주는데, 원하는 직업을 갖기 위해 어렸을 때부터 준비하는 남한의 시스템이 이해가 안 되는 것입니다. 북한에서 직업은 국가에 대한 의무로 생각을 하는데, '직업을 통한 자아실현'을 하려는 남한의 분위기가 그들에겐 정말 생소합니다.

반세기 동안 너무 다른 체제와 환경에서 살아온 남한과 북한인데 통일되는 것이 분단보다 더 혼란스럽다면 굳이 통일해야 할까요?

모든 것이 쉽지 않은 나라

제 사주에 역마살이 있는데요. 그래서 그런지 저는 30대 때 30여 개 국가를 돌아다녔습니다. 선진국, 후진국, 개발도상국 등 세계 곳곳을 다양하게 다녔습니다. 각 나라는 문화와 환경이 다양한데, 어떤 국가를 가더라도 공통점이 있었습니다. 영어 간판, 영어 의사소통, 인터넷, 스마트폰, 맥도널드, 스타벅스, 자유로운 사진촬영 등이었죠. 북한보다 더 가난한 나라에서도 완벽하지 않지만, 외국인들이 누리는 자유가 있습니다.

그런데 북한은 이 공통점이 통하지 않는 유일한 곳이었습니다. 한국

말 의사소통은 아주 쉽고 좋은데, 나머지는 어려웠죠. 인터넷 사용이 불가능하고, 사진 찍을 수 없는 곳이 많습니다. 하도 많이 제지를 받아 사진 찍을 때마다 눈치를 봐야 하는 곳이 북한입니다. 숙소에 들어와 문자 확인도 할 수 없어 북한에 있는 기간은 자유롭지 못하고, 외부와 철저히 단절됩니다.

그렇게 북한에 다녀온 지 일주일 후 캄보디아에 가게 되었습니다. 캄보디아에서 하룻밤을 보내고 난 다음 날 이런 생각이 들었습니다. 음식 안 맞고, 날씨 덥고, 말 안 통하는데 왜 이리 마음은 편하지?

함께 얘기해봐요

1 남북통일을 한다면 가장 걱정되는 것은 무엇인가요? 왜 그런가요?

2 이 글에 나오지 않은 것 중에 통일을 반대하는 이유로 어떤 것이 있을까요?

06 통일을 찬성하는 3가지 이유

어렸을 때 소중했던 물건이 커서 필요 없어지는 경우가 많습니다. 잠깐 옛날의 추억을 떠올리게 해주는 정도랄까요. 친구도 마찬가지입니다. 그렇게 친했고, 영영 붙어 다닐 줄 알았던 절친도 다른 학교에 진학하고, 사회로 진출한 뒤 만나게 되면 조금 어색해집니다. 그만큼 우리는 세월의 영향을 받습니다. 통일도 마찬가지입니다. 세월이 지나면서 통일을 대하는 우리의 마음에도 조금씩 변화가 생깁니다.

자연스러운 분단, 부자연스러운 통일

분단 직후 가장 많이 나왔던 얘기가 '원래 우리는 하나였으니까 통일을 해야 한다.'였습니다. 서울에서 평양으로, 신의주에서 부산으로 다니던 때가 엊그제 같은데 어느 날 갑자기 분단되어 못 가게 되는 상황이 얼마나 싫었을까요.

좀 더 이해를 돕기 위해 남한에 새로운 분단이 온다고 가정해봅시다. 38선이 아니라 새로운 분단선 36선이 생기는 거죠. 한반도 지도를 보면 36선은 군산, 포항 정도 됩니다. 36선 북쪽에 사는 서울 사람들은 부산 해운대에 갈 수 없습니다. 제주도는 말할 것도 없고요. 그곳에 다시 여행할 수 없다니 얼마나 아쉬울까요. 그런데 부모님이 계시거나 친형제가 있는 곳이라면 어떻게 될까요? 여행을 못하는 것은 그나마 참을 수 있는데 평생 이별해야 하는 이산가족이 된다는 것은 너무 슬픕니다.

휴전선 부근의 임진각 이정표. 분단 철조망에는 통일의 염원을 담은 리본들이 매여있다.

그런데 이 상황에서 시간이 지나 결혼을 해서 아이를 낳고 산다면 그 아이는 36선 분단에 어떻게 생각할까요? 태어나 한 번도 가보지 않은 부산이나 제주도에 호기심은 있겠지만, 굳이 36선을 없애고 통일해야 한다는 마음을 갖지 않을 수 있습니다.

즉, 6·25전쟁 직후 남한 국민의 대다수는 한반도 전체를 우리나라로 살아왔던 사람들이었습니다. 그런데 시간이 지나 38선이 자연스러운 분단세대가 태어났고 어느덧 그들이 남한의 다수를 이루게 되었습니다.

이는 꼭 젊은 세대만을 이야기하는 것이 아니라, 어느덧 70세도 분단 세대랍니다. 그래서 이들에게 통일의 필요성을 얘기할 때 '원래 우리는 하나였으니까'라고 하면 어색할 수 있습니다. 이들에게는 분단이

분단의 아픔....

흩어진 가족ㅡ

자연스럽고, 통일이 부자연스럽습니다.

'이산가족이 많으니까 통일해야지.'라는 말은 이제 잘 통하지 않습니다. 세월이 지나 이산가족도 많이 사망해서 이산가족의 이야기는 할아버지, 할머니 혹은 그 윗세대의 먼 옛날이야기가 되고 있습니다. 북한에 자원이 많으니까 통일해야 한다는 이야기도 당장 나에게 혜택이 오는 것은 아니기에 먼 나라 이야기로 듣습니다.

그렇다면 이런 상황에서 세대와 배경을 초월해 한민족이라면 공감할 수 있는 '통일을 해야 할 이유'는 무엇이 있을까요?

행복을 지키기 위해서

평소 고추장에 밥 비벼 먹는 사람이 없는데 해외에 나가기만 하면 다들 비빔밥 장인이 됩니다. 있을 때 소중함을 모르다가 없을 때 찾게 되는 것들이 많습니다. 행복도 마찬가지입니다. 정작 불행을 겪기 전까지는 진정한 행복을 모르는 경우가 많습니다.

진정한 행복이 무엇인지 알려면 가장 큰 불행이 무엇인지 떠올리면 쉽습니다. 제 주변의 얘기를 들어보면 그들의 가장 큰 불행은 사랑하는 사람이 죽거나 다치는 것이라고 합니다. 사랑하는 사람이 갑자기 사고를 당하면 그만큼 이겨내기가 힘듭니다. 저 역시 아찔했던 순간이 몇 번 있었는데 그전까지 갖고 있던 행복은 훅 날아가 버리더군요. 다행히 큰일이 벌어지지 않아 일상으로 돌아올 수 있었지만, 생각만 해도 식은 땀이 흐릅니다.

결국 사랑하는 사람의 평안이야말로 진정한 행복이라고 봅니다. 그런데 사람 사는 일은 알 수가 없습니다. 어떤 사고를 예상하고 피할 수 없습니다. 그래서 각자 문제가 생길 가능성을 줄이는 것에 노력합니다. 부모님은 자녀들에게 신호등이 파란불이어도 건널 때 한번 주위를 둘러봐라, 밤늦게 들어오지 마라, 친구 따라 오토바이 타지 마라 등 끊임없는 잔소리를 합니다.

가정의 평안을 확장하면 국가의 평화가 눈에 들어옵니다. 국가가 평화롭지 않으면 가정의 평안을 지키기 어렵습니다. 전쟁이나 무력충돌로 누군가는 죽고, 그 가족은 슬퍼하는데 나를 무조건 피해갈 것이라고 자신할 수 없습니다. 한반도에 전쟁의 가능성이 없는데 불필요한 걱정을 하는 것 아니냐고 할 수 있습니다. 1950년 6월 24일 토요일이 그랬듯이 말입니다.

그 당시 한반도에 얼마나 많은 행복한 개인과 가정이 있었는지 모릅니다. 5년 전 광복이 되어 다들 새로운 나라를 만든다는 들뜬 마음이 있었을 것입니다. 꼭 나라 걱정이 아니어도 처음으로 취직한 젊은이와 이를 기뻐하는 가족, 사랑하는 사람과 미래를 약속하는 청춘남녀 등 얼마나 좋았을까요.

한반도만의 상황이 아닙니다. 제1차 세계대전이 끝나 국제연맹이

★ 제1차 세계대전
독일·오스트리아·이탈리아의 동맹국과 영국·프랑스·제정러시아의 연합국이 대립하여 일어난 세계적 규모의 전쟁으로, 1914년 사라예보 사건이 도화선이 되어 시작되었고 1918년 독일이 항복함으로써 끝났다. 약 1천만 명이 죽고 약 2천만 명이 부상을 당했다.

만들어졌을 때 곧 더 무서운 제2차 세계대전이 덮칠 것이라 예상했던 사람은 역시 별로 없었습니다. 역사가 반복되지 말란 법은 없습니다. 꼭 이런 대규모 전쟁이 아니라 하더라도 우리는 항상 위험에 노출되어 있습니다. 천안함과 연평도에서 누군가는 죽었고, 당연히 북한이 잘못했지만 죽은 자를 되살릴 수는 없습니다.

★ 제2차 세계대전
세계 경제공황 이후 파시즘 체제에 있던 독일·이탈리아·일본 등의 추축국과 미국·영국·프랑스 등의 연합국 사이에 일어난 세계적 규모의 전쟁으로, 1939년 독일의 폴란드 침공으로 시작되어 1945년 독일과 일본이 항복하면서 끝났다. 6천만 명 이상이 사망했다.

통일은 평화의 땅 위에 피는 꽃과 같습니다. 꽃을 피우기 위해 땅에 거름도 주고, 관리도 해야 합니다. 통일의 비전은 남한과 북한이 평화의 길에 함께 들어서게 합니다. 통일까지 너무나 먼 거리일 수 있지만 우선 그 길에 들어서면 서로 해칠 수 없습니다. 고속도로에서 내가 핸들 한번 잘못 꺾으면 상대만 위험한 것이 아니라 나도 위험한 것입니다. 같이 살려면 같이 고속도로 법규를 준수하게 됩니다. 북한이 그런 길에 들어올 수 있게 하는 것이 통일입니다.

갑작스런 6·25 한국전쟁으로 전방으로 이동중인 남한 군인들

결국 통일이 필요한 이유는 국가가 평화로움으로써 내가 사랑하는 사람의 평안을 지킬 수 있다는 것입니다. 그것이 나의 진정한 행복입니다.

헬조선을 헤븐조선으로

저는 로또를 잘 안삽니다. 적은 돈이라도 확실한 것에 쓰지 않으면 아깝습니다. 그런데 이런 로또가 있다면 아마 무조건 살 것 같습니다. 가격이 만원인데 가장 낮은 등수가 만원인 로또 말입니다. 하나도 못 맞춰도 만원이고, 하나 맞출 때마다 당첨금액이 계속 커지는 거요. 일반 로또는 천원인데, 당첨 가능성이 불확실한 것보다 10배 비싸도 제가 방금 말한 로또는 누구라도 살 것입니다. 밑져야 본전이니까요.

통일은 제가 말한 만원 로또와 같습니다. 요행을 바라는 것이 아니라 경제적인 관점에서 확실한 투자이고 선택입니다. 혹자는 통일비용이 너무 크기 때문에 통일을 반대합니다. 천원 로또보다 만원 로또가 비싼 것은 맞지만 그만큼 확실하고 더 큰 이익을 얻을 수 있다면 사는 것이 낫습니다. 통일비용보다 통일을 통해 얻을 수 있는 이익은 그 3배로 추산됩니다. 3배 남는 것을 마다할 이유가 없는 거죠.

그런데 통일이 분단보다 훨씬 더 이익이라고 하는 얘기는 통일부와 북한학을 공부하는 사람만의 희망이라고 오해하는 사람도 있습니다. 그런 점에서 세계 3대 투자가인 짐 로저스와 미국 최대의 투자은행인 골드만삭스의 의견도 골고루 들어볼 필요가 있습니다.

짐 로저스는 통일한국은 대륙횡단철도와 북극항로의 새로운 기회를 제공할 것이고 북한의 풍부한 자원, 다양한 관광지 개발을 통해 국내총생산(GDP) 기준으로 일본을 앞지를 것으로 보고 있습니다.

골드만삭스 역시 제대로 통일만 된다면 남한의 기술과 자금력, 북한의 천연자원과 노동력의 결합으로 강력한 시너지가 생겨 미국을 제외한 선진국들과 GDP가 비슷하거나 더 높아질 것으로 예상했습니다.

남한은 그동안 고속성장을 통해 원조받는 국가에서, 원조하는 국가가 되었습니다. 전 세계 국가 중 개발도상국에서 선진국이 된 유일한 국가입니다. 그런데 앞으로가 문제입니다.

★ 대륙횡단철도
대륙을 가로질러 대양에서 대양까지 다다르는 철도를 말한다. 첫 번째 유라시아 대륙횡단철도는 1905년에 완성한 시베리아 횡단철도이며, 모스크바에서부터 태평양 쪽의 블라디보스토크까지 이어진다.

★ 북극항로
북미·유럽을 잇는 캐나다 해역의 북서항로와 아시아·유럽을 잇는 러시아 해역의 북동항로로 나뉜다. 북극해를 지나는 북극항로는 수에즈 운하를 경유하는 현재 항로보다 거리가 짧아 항해일수와 물류비를 크게 단축할 수 있다는 장점이 있다.

첫째, 외부상황이 바뀌었습니다. 인공지능(A.I), 사물인터넷, 빅데이터, 나노기술 같은 4차산업 시대를 우리는 맞이하게 되었습니다. 과거 성장동력이었던 근검절약, 높은 교육열과 인구밀도, 수출주도 경제계획 등은 계속 힘을 발휘하기 어렵습니다. 연결·분권·공유·개방을 통해 현실세계와 가상세계를 오고가며 발전시켜야 하는 시대가 온 것이죠.

4차산업 시대로 원활하게 전환하지 못하면 대량의 실업자들이 생기면서 경제가 어려워지는데 현재 남한이 이런 상황입니다. 이미 기계가 인간을 대신하는 일들이 많아지면서 일자리가 급속도로 줄어들고 있어요. 4차산업 시대에 맞는 전환을 위해서는 시간이 필요한데, 전통적인 일자리가 갑자기 줄어드는 충격이 오면 안 됩니다.

둘째, 내부상황도 바뀌었습니다. 가장 심각한 문제가 출산율입니다. 6·25전쟁 후 아무것도 없는 남한이 유일하게 갖고 있었던 경쟁력이 '고급 인력'이었는데 이제는 고급은커녕 인력 자체가 급속도로 줄어들고 있습니다. 출산율이 떨어지는 모습은 선진국의 일반적인 현상이긴 하지만 문제는 그 떨어지는 속도가 너무 빠릅니다. 2019년부터 1명 미만으로 떨어지더니 2021년은 0.88명이고 계속 떨어지고 있다고 하니 아직 끝이 안 보입니다. 이 수치는 전 세계 198개 국가 중 2년 연속 198등, 꼴등을 하고 있습니다.

이런 시대적 상황과 국가적 상황이 맞물려 현재 젊은 이들은 남한을 헬조선이라고 부릅니다. 미래에 대한 희망이 없는 것이죠. 그렇기에 상기 언급한 통일은 아주 중요합니다. 통일은 우리 앞에 시급한 문제로 와 있는 일자리와 출산율 문제에 대한 대안이 될 수 있습니다. 나아가 통일은 현재보다 더 부강한 미래를 보장할 것이라고 외국투자가와 투자은행은 말합니다. 투자자들 입장에서 전쟁의 위험이 제거된 한반도는 더 매력적인 투자처가 되겠죠? 분명 지금보다 더 많은 투자가 이뤄질 것입니다.

철마는 달리고 싶다. 한국전으로 남북을 오가던 기관차가 멈춰 녹슨채 분단의 상징이 되고 있다.

통일로 향해가는 길은 많은 어려움이 있겠지만 그 어려움을 감수할 이유는 충분히 있습니다. 설날이나 추석에 극심한 교통체증을 뚫고 기어코 고향에 내려가는 이유는 고향에 계시는 부모님과 친지들을 만나는 기쁨이 크기 때문이지요. 통일의 과정은 어렵지만, 목적지에 도착하면 그만큼 우리에게 큰 기쁨을 크게 줄 것입니다. 경제적 기쁨 말입니다.

융합의 문화가 통일을 맞이한다면

요즘 젊은이들이 사용하는 단어 중에 '국뽕'이라는 말이 있습니다. 국가의 '국'과 히로뽕의 '뽕'을 합쳐 만든 단어인데 맹목적으로 우리나라를 찬양하는 행태를 비꼴 때 사용합니다. 지나친 국가주의, 민족주의

행태를 비판하는 말이기도 하지만, 때로는 우리나라에 대한 자부심이 생길 때 사용하기도 합니다.

시험을 잘 봐서 주위 친구들이 칭찬해줄 때 기분은 좋지만 "찍은 것이 다 맞았어."라고 겸손을 떠는 것처럼, 우리나라 사람이 세계적인 업적을 세울 때 기분은 좋지만 "국뽕 하나 추가요."라고 표현하는 것이랑 비슷한 것 같습니다. 사실 기분은 좋거든요. 우리 문화에 대한 자존감이 높아집니다.

국가와 민족의 기원과 상관관계를 심각하게 분석하면서 근거 없는 정서, 다른 나라와 문화에 배타적이라고 열을 올리며 비판하는 학자들도 많이 있습니다. 그런데 젊은이들은 상반된 개념인 '헬조선'과 '국뽕'을 동시에 사용하고 영향을 받고 있습니다. 철저한 개인주의라고 하면서 함께 공유하는 가치에 목말라 있는 모습, 여기에 문화의 중요성을 보게 됩니다.

문화란 어떤 집단에 공통으로 나타나는 독특한 생활양식으로, 그 구성원들이 후천적인 학습을 통해 공유하고 있는 행동과 사고를 말합니다. 기독교문화·이슬람문화와 같은 종교문화나, 미국문화·중국문화와 같은 국가문화들이 서로 다양하고 밀접하게 영향을 주고받고 있습니다. 문화는 종교와 국가에 속하지 않은 사람에게조차 행동과 사고에 큰 영향을 주고 있습니다.

최근 세계에 유행하고 있는 K팝, 드라마, 영화, 태권도, 한글 등을 보면 몇 가지 재미있는 점이 있습니다. 먼저, 똑같은 태권도, 한글인데 우리가 가난할 때는 인기가 많지 않았는데, 잘살게 되니까 부쩍 관심이 높아지는 것이죠. 한국어 노래가 빌보드 차트 상위에 오르는 것은 예전 같으면 상상할 수도 없는 일입니다.

둘째, 한민족 문화만의 특별함이 있는 것 같습니다. 이는 국뽕과는 조금 다릅니다. 남한보다 잘사는 국가가 많은데, 유독 한류가 이렇게 세계인들에게 영향을 주는 것은 경제력 말고 뭔가 있다는 것입니다.

제가 만나본 외국인들은 '융합'이라는 표현을 자주 씁니다. 물론 한글로도 어려운 단어인 '융합'을 그들이 발음하는 것은 아닙니다. 동양과 서양, 과거와 미래, 정신과 물질, 대륙과 섬, 모방과 창조, 개인과 집단 등등 서로 반대가 되는 개념을 녹여, 새로운 것을 만들어내는 신기한 민족이라고 합니다. 모든 문화는 저마다 특징이 있는데 한민족 문화는 '융합'의 특징이 있다는 것이죠.

그런 점에서 통일은 한민족 문화의 특징인 '융합'을 극대화할 수 있는 계기가 됩니다. 분단으로 인해 지리적으로 삼면이 바다인 남한과 대륙의 모퉁이에 있는 북한이 통일된다면 어떤 일이 벌어질까요? 상반신과 하반신이 나뉜 국토처럼 사고와 행동이 분열될 수밖에 없는 상황에서도 이 정도의 융합과 문화적 발전을 일으켰는데, 통일된다면 얼마나 많이 문화의 발전이 있을까요? 상상만 해도 신납니다.

★ 빌보드 차트
미국의 유명 대중음악 순위 차트로, 1936년부터 처음으로 시작된 이래 매주 순위를 발표한다. 메인 차트로는 싱글 차트인 '빌보드 핫 100'과 앨범 차트인 '빌보드 200'이 있다.

▶ 백범 김구
(1876.8.29~1949.6.26)
일제강점기 독립운동가이자 대한민국의 통일운동가, 정치인이다. 대일 의열단체 한인애국단을 이끌었고 대한민국 임시 정부 주석을 역임하였으며, 1962년 '건국훈장 대한민국장'이 추서되었다.

독립운동가 김구 선생님의 백범일지에 나오는 글을 소개하며 글을 맺습니다.

"나는 우리나라가 세계에서 가장 아름다운 나라가 되기를 원한다. 가장 부강한 나라가 되기를 원하는 것은 아니다. 내가 남의 침략에 가슴이 아팠으니, 내 나라가 남을 침략하는 것을 원치 아니한다. 우리의 부는 우리 생활을 풍족히 할 만하고, 우리의 힘은 남의 침략을 막을 만하면 족하다. 오직 한없이 가지고 싶은 것은 높은 문화의 힘이다. 문화의 힘은 우리 자신을 행복하게 하고, 나아가서 남에게도 행복을 주기 때문이다. 나는 우리나라가 남의 것을 모방하는 나라가 되지 말고, 이러한 높고 새로운 문화의 근원이 되고, 목표가 되고, 모범이 되기를 원한다. 그래서 진정한 세계의 평화가 우리나라에서 우리나라로 말미암아 세계에 실현되기를 원한다."

함께 얘기해봐요

1 통일이 필요하다고 생각하는 이유 3가지 중 가장 마음에 와닿는 것이 무엇인가요?
만약 3가지 중에 없으면 자신이 통일이 필요하다고 생각하는 이유를 얘기해봐요.

2 10년 후 내가 하는 일과 삶을 상상해봐요.
지금처럼 분단된 상황일 때와 통일된 상황일 때를 각각 얘기해봐요.

07 먼저 온 통일, 북한이탈주민

북한을 탈출해서 남한으로 온 북한 주민을 간단히 탈북자라고 부릅니다. 과거에는 귀순자, 탈북자라고 불렀는데 어감이 좀 강해서 그런지 새터민, 북한이탈주민 등으로 부르고 있습니다. 최근에는 '먼저 온 통일'이라는 수식어를 붙이는데 이 글에서는 공식적인 명칭인 북한이탈주민을 사용하겠습니다. 이번 장에서는 북한이탈주민에 대한 이야기를 나눠보고자 합니다.

코로나가 바꾼 북한 국경

최근 남북관계에서 두드러진 현상 중 하나가 북한이탈주민이 급감한 것입니다. 북한이탈주민은 2003년부터 급증해서 2011년까지 매년 2,000명에서 3,000명 이상 남한으로 들어왔는데 2020년에 229명이 들어왔고, 2021년 상반기는 고작 33명이 들어왔습니다. 줄어도 너무 많

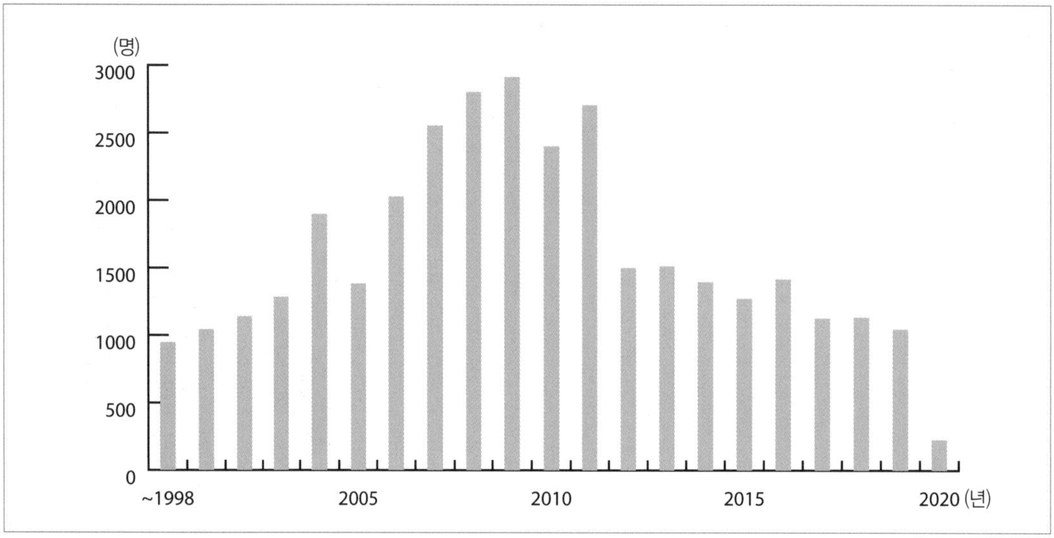

북한이탈주민 입국 그래프
(2020.12 기준)

이 줄었습니다.

90년대까지는 북한이탈주민은 다 합쳐 1,000명 미만이었는데 갑자기 그 숫자가 늘어 통일부는 정착지원금과 정착지원시설을 부랴부랴 늘리느라 정신이 없던 때가 있었습니다. 그런데 현재는 수백 명이 들어갈 수 있는 곳에 고작 한두 명 있는 상황입니다.

약 10여 년 전 김정은 위원장이 북한 최고지도자로 등극한 이후 국경 경비가 강화되어 2012년부터 북한이탈주민 숫자가 갑자기 절반으로 줄어들었지만 그래도 2019년까지 매년 1,000명 이상은 남한으로 들어왔었습니다. 그런데 왜 이렇게 확 줄었을까요? 그것은 코로나19로 인해 국경을 전면 봉쇄했기 때문입니다. 그나마 229명이 남한으로 들어올 수 있었던 것은 코로나19 발생 전에 이미 북한을 탈출했기에 가능했습니다.

설마 다시 북한으로 돌아가야 하나

남한에 사는 북한이탈주민은 약 3만 명 정도 됩니다. 남북관계가 막혀있는 상황에서 북한을 이해하고, 남북의 차이를 좁히기 위해서 북한이탈주민의 역할이 매우 중요합니다. 그들은 남한과 북한 두 나라를 동시에 경험했습니다. 잠깐 관광으로 다녀온 것과는 차원이 다릅니다.

그렇기에 북한이탈주민을 '먼저 온 통일'이라는 수식어를 붙이기도 합니다. 남한과 북한, 두 나라를 경험한 입장에서 그들을 통해 남북의 차이를 이해하고 좁힐 수 있는 방법을 찾는 것은 통일에 큰 도움이 될 수 있습니다. 3만 명의 북한이탈주민은 2,500만 명의 북한 주민의 리트머스 시험지라고 볼 때 이들이 반응하는 남한은 향후 통일과정에 중요한 자료가 될 것입니다.

예를 들어 '북한이탈주민은 남한 생활에 얼마나 만족하고 있는가?'라는 질문은 아주 중요합니다. 북한이탈주민이 현재 남한에서 만족하지 못하고 있다면 통일 후 북한주민 역시 그럴 가능성이 클 것입니다.

몇 년 전 제가 북한대학원에 다닐 때 함께 공부했던 탈북여성과 진지한 얘기를 한 적이 있었습니다. 그때 그 여성은 불쑥 북한으로 다시 돌아가고 싶다고 하였습니다. 처음엔 농담으로 한 줄 알았는데 그렇지 않았습니다.

북한이탈주민은 향후 통일과정에서 중요한 자료를 제공해주는 리트머스 시험지와 같다.

남한이 얼마나 좋은지 이미 경험을 했고, 대학원에 다니는 기회도 얻었는데 어떻게 다시 북한으로 돌아가고 싶다는 마음이 들까 저는 깜짝 놀랐습니다. 그런데 그 여성은 북한이 식량 사정이 조금만 더 좋아진다면 뒤도 안 돌아보고 북한으로 갈 것 같다

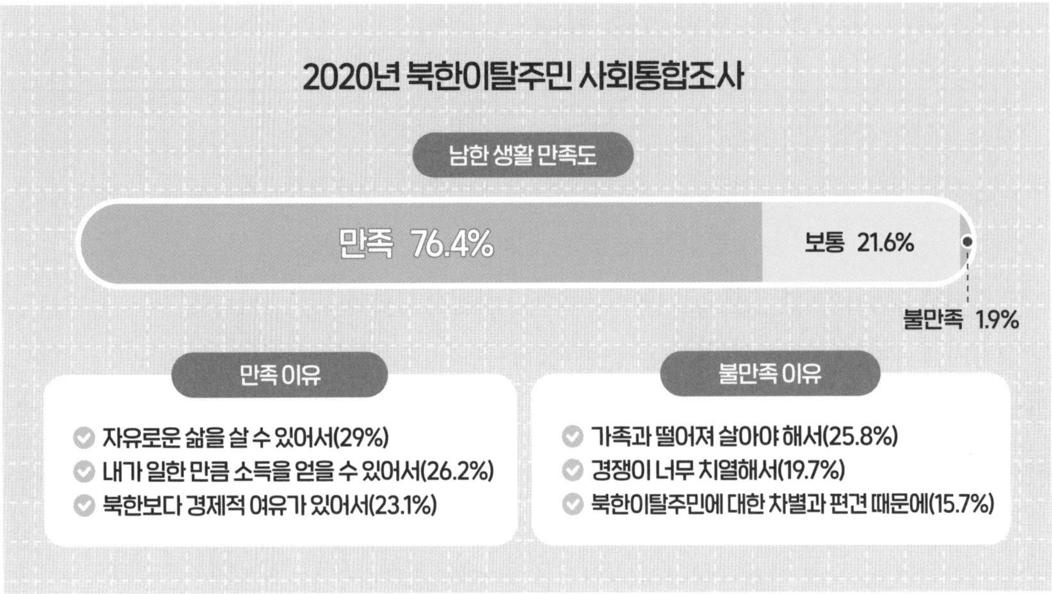

고 했습니다. 그때까지만 하더라도 모든 북한이탈주민은 남한에 온 순간부터 북한은 다 잊어버렸을 거라는 저의 생각이 보기 좋게 어긋났던 것이죠.

'2020년 북한이탈주민 사회통합조사'를 하였는데 '남한 생활 만족도'에 76.4% 만족, 21.6% 보통, 1.9% 불만족으로 답이 나왔습니다. 만족하는 주된 이유는 '자유로운 삶을 살 수 있어서(29%)'가 제일 높았고, '내가 일한 만큼 소득을 얻을 수 있어서(26.2%), '북한보다 경제적 여유가 있어서(23.1%)'라고 답했습니다.

불만족 이유로는 '가족과 떨어져 살아야 해서(25.8%), 경쟁이 너무 치열해서(19.7%), 북한이탈주민에 대한 차별과 편견 때문에(15.7%)'라고 답했습니다. 지금 생각해보니 그 당시 저와 대화했던 여성도 가족과 떨어져 있는 것을 힘들어했던 기억이 납니다. 아마 그 여성과 같은 상황에 있었다면 저 역시 같은 결론을 내렸을 것 같은데 그때는 왜 그렇게 생각 못 했는지 미안한 마음이 드네요.

북한이탈주민들이 그토록 오고 싶었던 남한에 왔다고 무조건 만족할 거라는 생각은 위험합니다. 만족도가 75%를 겨우 넘는 것은 남한 정착이 순탄치 않은 거라고 봐야 합니다. 당연히 설문조사로 생활이나 지원에 불이익을 주지 않지만, 그들에게는 통제와 감시가 심했던 북한에서의 경험이 깊게 남아 있습니다. 남한에 왔다고 갑자기 100% 솔직한 답을 쓰기 어려운 상황임을 고려해볼 때 75%의 만족도는 낮은 수치입니다.

그들이 내려온 이유

북한이탈주민의 출신 지역은 절반 이상이 함경북도입니다. 다음은 양강도, 함경남도 순입니다. 북한 지도를 펼쳐보면 그 이유를 자연스레 알 수 있는데요. 함경북도는 북한의 가장 북쪽에 있으며 중국과 러시아와 국경을 맞닿은 지역입니다. 양강도는 함경북도 바로 왼쪽에 있고 북쪽에 중국이 있습니다. 백두산이 있는 곳이 양강도입니다.

함경북도와 양강도는 평양과 거리가 멀고 다른 지역에 비해 국경선이 꼬불꼬불 생겨서 도망가기 딱 좋습니다. 이들은 우선 중국으로

건너가 다시 태국·베트남·미얀마 같은 동남아시아나 몽골을 통해서 남한으로 들어옵니다. 중국 공항은 감시가 워낙 심해서 바로 들어오는 것보다 제3국을 통해 들어오는 경우가 대부분입니다.

탈북을 한 뒤 제3국을 가기 위한 기회를 찾지 못해 기다리는 경우가 많습니다. 그러다 보니 중국에 체류하는 기간이 계속 길어져 남자는 돈을 벌기 위해 신분을 감추며 일을 하고, 여자는 중국인과 결혼해서 아이를 낳는 경우도 많습니다.

탈북청소년들을 위한 대안학교의 수업 중 중국말이 들려 '요즘 여기서도 중국어를 가르쳐 주는구나.' 생각을 했던 적이 있었어요. 그런데 알고 보니 중국어가 모국어인 학생들이 모인 학급이었고, 중국어가 북한말보다 더 익숙한 아이들이 많아지는 추세라고 해서 놀랐던 기억이 납니다.

탈북 초기에는 남자가 대다수였는데 점차 여자 비율이 높아지더니 현재 북한이탈주민의 70% 이상이 여자입니다. 남자가 여자에 비교해 더 빨리, 더 멀리 갈 수 있는 신체적 조건이 있기에 당연히 남자가 많은 것으로 생각할 텐데 그렇지 않습니다. 북한 여자들 대부분이 장사를 위해 국경선 근처를 돌아다니고 남자보다는 자유롭게 생활하다 보니 탈북이 더 쉽습니다.

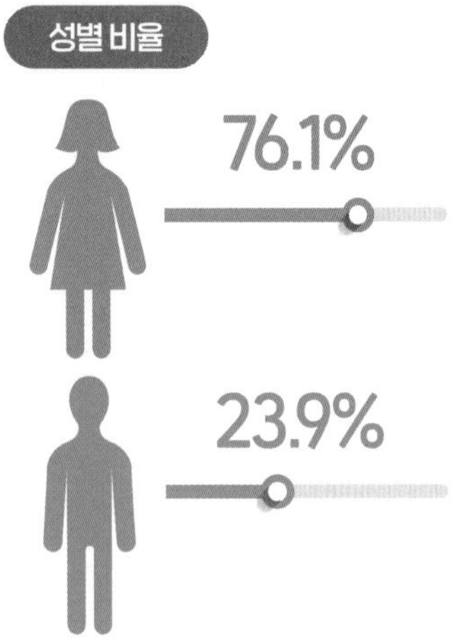

현재는 코로나19로 인하여 중국에서 제3국으로 가는 것이 어려워 발이 묶인 탈북자가 15만 명 정도 되는 것으로 추산되고 있는데요. 이들은 중국 공안을 피해 숨어 살고 있어 큰 고통을 겪고 있습니다.

탈북하는 것이 상대적으로 쉬웠던 2000년대 초반보다 더 어려워지고 걸리면 처벌도 강하게 받음에도 불구하고 탈북하는 행렬이 끊이지 않는 이유는 간단합니다. 식량문제가 가장 큰 이유죠. 남한을 비롯한 다른 나라 영상을 보다가 북한 체제의 통제가 싫어 넘어온 경우도 매년 증가 중입니다. 자녀에게 더 좋은 환경을 주거나, 먼저 탈북한 가족과 함께 살기 위해 탈북하는 비율도 높아지고 있어요.

남한 국민으로 거듭나기

북한이탈주민은 남한에 들어오는 순간 국정원, 경찰청, 통일부 등 관계자가 함께하는 합동 조사를 받습니다. 북한에서 보낸 간첩인지를 걸러내기 위한 이 조사는 1주일 동안 외부와 차단된 상황에서 진행되는데요. 태어난 곳, 가정환경, 탈북동기를 얘기하고 국정원 직원과 면담 하면서 심사를 받습니다.

심사결과 문제가 없다고 판단되면 남한 사회적응을 도와주는 '하나원'이라는 시설에 들어가게 됩니다. 북한이탈주민이 얼마 되지 않았던 2000년 초에는 경기도 안성에 있는 하나원에는 건물이 몇 개 안 되었는데 넘어오는 숫자가 폭발적으로 증가해서 증축을 여러 번 했습니다. 증축해도 수용할 수 있는 공간이 모자라 2012년 강원도 화천에 제2 하나원을 새로 건립했어요. 현재 안성 하나원은 여성과 청소년, 화천 하나원은 남성이 들어갑니다.

하나원은 다양한 시설들이 몰려있는데요. 병원·학교·식당·미용실·영화관 등 웬만한 마을에 있는 것들 다 있습니다. 이곳에서 남한 사회 적응 교육을 받으며 3개월 동안 지내게 됩니다. 하나원에서는 오전, 오후, 저녁까지 일정이 꽉 차 있는데요. 3개월이면 꽤 긴 시간이지만 북한

★ 하나원
정식 명칭은 '북한이탈주민정착지원사무소(北韓離脫住民定着支援事務所)'이지만, 흔히 '하나원'이라고 부른다.
북한이탈주민들을 교육하는 것이 목적이며, 통일부에 소속되어 직접 운영하는 교육기관이다.
북한이탈주민을 위한 교육시설과 수용 시설, 직업 교육을 위한 몇 가지 공장(순수 북한이탈주민들을 위한 공장)과 학교가 운영 중이다. 청소년 탈북자를 위한 교육시설로 하나둘학교가 있다.

★ 재미있는 북한말

북한말	남한말
가락지빵	도넛
딱친구	절친
문지기	골키퍼
외동옷	원피스
첨단기술 봉사소	PC방
튀긴고기떡	어묵
하루살이 양말	스타킹

과 체제가 완전히 다른 남한에 적응하려면 오히려 시간이 부족하다고 하네요.

주요 프로그램은 남한 체제에 대한 이해부터 구체적인 남한 생활까지 총망라합니다. 남한에 살다가 다른 나라로 이민 간 사람들 얘기를 들어보면 1년 동안은 좌충우돌했다고 하는데 북한이탈주민 역시 마찬가지겠지요. 주말에는 다양한 취미활동, 종교활동을 하고 직업체험이나 영화관람도 합니다.

하나원 교육프로그램 중 특이했던 것을 이야기해 준 북한이탈주민이 있었는데, 하나는 성(性)교육이었고 또 하나는 외래어 교육이었다고 합니다. 북한에서는 여전히 성(性)에 대해 보수적이기 때문에 공개적으로 얘기하는 경우가 없다는데요. 그런 입장에서 남한의 성(性)교육은 너무 노골적이면서 귀를 기울일 수밖에 없었다고 얘기를 하더군요.

또 하나는 남한에서 자주 사용하는 영어식 표현을 별도로 배우는 수업이 있었다고 합니다. 나중에 시험도 보았는데 문제가 '내츄럴한 화장법'이었는데 아무리 생각해도 기억이 나지 않아 '죽은 사람에게 해주는 화장'이라고 답을 썼다가 선생님들이 빵 터졌다고 합니다.

하나원 교육을 수료하면 본격적으로 남한에서의 삶을 시작합니다. 북한이탈주민의 안전과 지역사회 정착을 위해 거주지 근처 경찰서의 도움을 받아 5년 동안 보호를 받습니다. 그리고 무엇보다 경제적인 부분이 중요하기 때문에 북한이탈주민 대상 임대주택에 살 수 있는 주거지원금, 매월 일정 금액의 생활비, 취업 장려금, 장학금의 혜택도 받습니다. 예전에는 정착금 명목으로 목돈을 한 번에 주었는데, 이 돈을 노린 사람들에게 자주 사기를 당해서 일정 기간 나눠서 지급하고 있다고 하네요.

'먼저 온 통일'이 중요한 이유

북한이탈주민이 겪는 남한의 모든 것들은 처음인 경우가 많습니다. 남한에 처음 입국하는 순간부터 세상물정 모르는 일곱 살 어린아이와 같다고 봐도 무방합니다. 드디어 남한에 도착했다는 기쁨도 잠시, 두려움과 공포감을 느끼는 일이 생기는데 바로 합동 조사입니다.

과거에는 합동 조사에서 북한이탈주민에 대한 인권침해가 심각했습니다. 탈북을 위장해 잠입한 간첩을 색출하기 위한 명목으로 조사관들이 구타, 협박, 폭언, 성희롱 등 위법을 저지르기도 하였습니다.

또한 합동 조사를 받는 기간은 결과를 기다리기까지 평균 2개월이 걸리는데 이 기간 독방과 쇠창살과 철문이 있는 조사실에 있어야 합니다. 가족과 함께 온 경우에도 서로 만날 수 없고 2개월이 지나도 조사가 끝나지 않을 수 있습니다. 사실상의 감금 상태였던 거죠.

간첩 가능성이 있으니까 어쩔 수 없는 것 아니냐 할 수 있겠지만, 헌법 제3조에 의해 북한이탈주민은 대한민국 국민이고, 남한에 온 순간부터 법적보호를 받는 존재인데 이를 무시했던 것이죠.

북한이탈주민이 남한에서 겪은 모든 일은 시간이 지나 북한에 남아 있는 친지들에게도 핸드폰을 통해 전해지는데 남한의 합동 조사는 북한 내에서도 악명이 높았습니다. 심지어 가족이 함께 탈북하는 경우 정착지를 남한으로 선택하지 않고 다른 나라를 선택하는 이유 중 하나가 합동 조사 때문이라는 얘기도 있었습니다.

다행히 몇 년 전부터 합동 조사 과정의 인권 침해는 많이 사라졌습니다. 중요한 것은 앞으로 통일 과정에서도 이러한 일들이 얼마든지 일어날 수 있다는 거죠. 북한이탈주민 3만 명만이 아니라 북한 주민

2,500만 명이 함께 하는 시대를 준비해야 합니다. 통일의 모든 과정을 완벽하게 준비할 수 없겠지만, 시행착오는 충분히 줄일 수 있습니다. 그런 점에서 먼저 온 통일인 북한이탈주민과 관계 설정이 중요합니다. 그 출발은 남한 헌법에 따라 그들을 우리와 동등한 가족이자 이웃으로 받아들이는 것입니다. 남한과 북한이 대치하고 있는 현실을 무시하자는 것이 아니라 그들을 대하는 기본적인 자세를 바로잡자는 것입니다.

월드컵 축구도 예선을 잘해서 통과해야 본선에 올라갈 수 있듯이 북한이탈주민을 남한 국민으로 잘 포용하면 북한 주민들과의 통일도 자연스러울 것입니다. 많이 늦은 통일이지만 가장 멋진 통일로 만들 수 있을 것입니다.

함께 얘기해봐요

1 북한에 살다가 남한으로 오게 되면 어떤 것에 가장 충격을 받을 것 같나요?

2 본문에 보면 북한이탈주민이 남한에 만족하지 않는 이유가 3가지가 나옵니다.
이 이유에 대한 해결책은 어떤 것들이 있을까요?

08 남한의 연합제, 북한의 연방제 뭐가 더 좋을까?

남자와 여자가 만나 결혼하는 것은 사랑만 있으면 될 것 같은데 그게 그렇게 간단하지 않습니다. 결혼을 준비하는 과정에 남녀가 결정해야 할 것들이 많습니다. 결혼식을 언제 할지, 집은 어디에 장만을 하고, 경제적 부담을 어떻게 할 것인지 등등 생각이 다를 수 있습니다. 서로가 바라만 보는 것으로 꿀이 떨어지던 때가 있었는데, 모든 것이 현실이 되면서 어려움도 생깁니다. 오죽하면 결혼식 다음 날 헤어지는 경우가 있겠습니까? 남한과 북한의 통일 역시 그 전에 결정해야 할 것들이 많습니다.

통일은 결혼보다 어렵고, 치킨이랑 다르다

첫 번째로 통일한국의 주권을 어떻게 세울 것인가가 중요합니다. 국가의 3대 요소는 국민, 주권, 영토인데 통일한국의 국민은 남북한 국민,

영토는 한반도로 하는데 이견은 없습니다.

문제는 주권입니다. 주권(主權)이란 말 그대로 가장 중요한 권리를 뜻합니다. 얼핏 보면 남한과 북한의 헌법에 나와 있는 주권 조항은 아주 비슷합니다.

남한은 헌법 제1조 제2항에 "대한민국의 주권은 국민에게 있고, 국민은 그 대표자나 국민투표에 의하여 주권을 행사한다."라고 되어 있고, 북한은 헌법 제2조에 "조선민주주의인민공화국의 주권은 인민에게 있다."라고 적혀 있습니다.

통일에 있어 가장 어려운 문제는 북한 주권이 북한 헌법과 다르게 적용되는 현실입니다. 남한은 가장 중요한 권리를 국민이 갖고 있는데, 북한은 김정은 위원장이 갖고 있습니다. 주권은 통일하는데 남북이 사이좋게 절반씩 적당한 선에서 양보할 수 있는 내용이 아닙니다. 치킨이라면 후라이드 반, 양념 반 사이좋게 나눠 시킬 수 있는데 주권은 남한식 절반, 북한식 절반이 안 됩니다. 전 세계에서 북한과 같은 형태의 주권을 행사하고 있는 국가는 없기 때문이죠.

이 문제가 해결이 안 되면 북한 주권이 북한 헌법과 다르게 실행됨으로써 파생된 문제도 해결할 수 없습니다. 예를 하나 든다면, 당장 통일한국 대학입시에 어떤 문제를 낼 것인가 문제가 됩니다. 기존 북한 수능에 나왔던 김일성 혁명역사 과목을 어떻게 해야 할까요? 통일했으니 남한의 입장을 고려해 문항을 10개에서 2개로 줄인다고 받아들일 수 있을까요? 근본적으로 남한과 북한의 초중고 교육과정 전체를 손봐야 할 것입니다.

민주주의 국가의 주권에 배치되는 북한의 화폐도안

이뿐만이 아닙니다. 북한의 화폐 도안, 북한 곳곳

통일한국을 이루는데 북한의 국가주권에 대한 해석은 큰 걸림돌이다.

에 있는 동상과 휘호, 그들과 관련한 이름의 대학, 도시, 공장 등 현대 민주주의 국가의 주권과 배치되는 것들이 수없이 많습니다. 통일한국의 주권은 '국민'이고, 그 원칙은 한반도 전역에 예외 없이 적용되어야 합니다.

상황이 바뀐 남한의 연합제, 북한의 연방제

6·25전쟁 이후 남한과 북한은 완전히 다른 길로 갔지만 유일하게 의견이 같은 것이 하나 있었습니다. 그것은 바로 통일해야 한다는 것이었습니다. 한반도뿐만 아니라 국제사회에서도 만났다 하면 싸웠지만, 통일해야 한다는 의견은 둘 다 같았습니다. 물론, 어떻게 통일해야 할지 그 방법에 대해서는 의견이 달랐죠.

평양에 흔히 보이는 남북통일 관련 선전 포스터
ⓒ호주 시드니의 Mark Fahey

정전협정 이후 북한은 전쟁에서 완수하지 못한 적화통일을 마무리해야 한다고 생각을 했습니다. 남한은 미군의 도움을 받아 물리력을 동원해서라도 북진통일을 하자고 주장했지요. 그런데 국제 정세가 전쟁보다는 평화를 추구하는 분위기로 바뀌자 무력이 아닌 협상으로 방향이 바뀌어 갔죠.

어떤 방식으로 통일할 것인가에 대해 각각 고민한 끝에 남한은 연합제, 북한은 연방제 통일방안을 제시하였습니다. 연합제는 3단계 과정을 거쳐 통일한국을 완성하자는 것이고, 연방제는 복잡한 과정은 필요 없고 바로 통일국가를 만들자는 것이었습니다. '고려연방공화국'이라는 통일국가를 만들고 그 아래 남북 지역정부를 두어 기존의 남북한 제도를 그대로 유지하자는 발상입니다.

즉, 연합제는 최종 국가의 형태가 일반적인 1민족·1국가·1체제·1정부라면, 연방제는 1민족·1국가·2체제·2정부를 지향합니다. 어떤 통일방안이 더 합리적이냐를 떠나 남한은 연합제를, 북한은 연방제를 주장하는 이유가 있습니다. 연합제는 상대적으로 힘이 약한 입장에서 선택하기 쉽습니다. 힘이 강해질 수 있는 시간을 벌어야 하니까요. 3단계를 설정하여 다음 단계로 가는데 조금이라도 걱정이 되면 멈출 수 있습니다. 얼음 땡 놀이처럼 계속 얼음만 하고 있으면 됩니다.

반대로 힘이 강한 상태에서는 연방제를 선택합니다. 힘이 약한 상대를 연방이라는 울타리에 가둬놓기만 하면 연방정부를 장악하거나, 무력으로 공격을 해서 흡수통일 할 수 있는 딱 좋은 제도입니다.

북한이 연방제를 제안할 때 선제 조건이 '주한미군 철수'였던 것은 다 이유가 있었습니다. 연방제 진행 중에 북한이 다시 남한을 침공하였다면 국가 간 전쟁이 아니라 한 국가 내의 내전이기 때문에 철수했던 미군이 6·25전쟁처럼 다시 개입하기 어려웠을 것입니다.

남한의 연합제는 1990년대 중반 '민족공동체 통일방안'으로 정립되었고 북한의 연방제는 1980년대 '고려민주연방공화국 창립방안'으로 정립되어 양 제도는 시대와 상황에 맞추어 변화하고 있습니다. 2000년 6·15 정상회담 때 '연합제와 낮은 단계의 연방제'가 공통점이 있다고 할 정도였으니까, 특히 북한의 고민이 엿보입니다.

원래 연방제란 지역 정부에 있는 군사, 외교권을 연방 정부에 이관하는 것이 핵심인데 북한이 오히려 낮은 단계를 설정해서 이를 포기했다는 것은 무엇을 말하는 걸까요? 역으로 훨씬 강해진 남한에 흡수통일 될 수 있다는 걱정을 했기 때문이 아닐까 봅니다.

남한이 주도하는 화해 협력

제가 남한사람이라서 그런 것이 아니라 연방제는 통일방안이 될 수 없습니다. 남북통일은 남한의 연합제로 될 것입니다. 아마 심성은 위원장이 이 책을 보고 있을 수 있는데 어쩔 수 없습니다. 체제와 이념이 다른 2개의 지역 정부가 연방 정부를 구성하는 것은 축구선수와 수영선수가 누가 빨리 이동할지 내기하는 것과 같아요. 축구선수는 땅에서, 수영선수는 물에서 하자고 할 것이 뻔하기에 내기 자체가 성립하기 어려운 거죠.

연합제의 1단계인 화해와 협력은 이미 우리가 지난 2000년부터 10

▶ 2018년
제1차 남북정상회담

대한민국과 조선민주주의인민공화국 간의 세 번째 정상회담이다. 2018년 4월 27일 판문점 공동경비구역 남측 구역 내에 있는 평화의 집에서 열렸으며, 대한민국 대통령 문재인과 조선민주주의인민공화국 국무위원장 김정은, 그리고 양측 대표단이 회담에 참석하였다.
ⓒ청와대

년간 경험을 하였습니다. 남한사람은 자유롭게 북한 관광을 갈 수 있었고, 북한 사람도 남한에 내려올 수 있었습니다. 북한 남포에 자동차공장이 생겼고, 개성공단에 남한 기업이 들어가 제품을 생산했습니다.

물론 갈 수 있는 장소와 왕래할 수 있는 사람이 제한되긴 하였지만, 시간이 가면 갈수록 그 제한은 줄어들었습니다. 금강산 관광은 처음엔 바닷길로 갔다가 나중에는 38선을 가로질러서 가게 되었고, 초기엔 금강산만 가다가 중간엔 내금강 지역까지 확대되었습니다.

이 모든 과정은 남한이 주도하고 북한이 따라오는 형국이었습니다. 20년만 더 이런 시간이 있었다면 연합제의 2단계인 남북연합으로 올라갈 수 있었습니다. 그러나 북한의 핵무기 개발로 모든 것이 사라져버렸고 다시 연합제의 1단계 초기 상태인 2000년 남북정상회담 전으로 돌아가 현재까지 오고 있습니다.

2018년 남북정상회담에 이은 역사상 최초의 북미 정상회담이 2차례 열렸지만, 여전히 1단계 초기 상태에 멈춰있습니다. 그래도 분명한 것은 세월 앞에 장사는 없습니다. 북한은 미국에 '핵무기 폐기'를 주고 미국은 북한에 '체제 안전보장'을 주는 것으로 합의할 것입니다.

이렇게 될 경우, 전보다 더 남한이 주도하는 화해와 협력이 진행될 것입니다. 10년 전보다 남한과 북한의 경제력 차이가 훨씬 더 벌어졌고 북한이 처한 대외 환경이 더 어렵기 때문입니다. 비단 경제적인 이유만은 아닙니다. 남한과 북한이 가까워질수록 북한은 국제 사회와 새롭게 연결이 되어야 하는데 이미 주도적 역할을 하는 남한의 도움이 절실합니다.

★ 역대 남북정상회담
- 2000년 남북정상회담 (2000.6.13~15, 평양)
- 2007년 남북정상회담 (2007.10.2~4, 평양)
- 2018년 남북정상회담 (2018.4.27, 판문점 남측 평화의집)
- 5·26 남북정상회담 (2018.5.26, 판문점 북측 통일각)
- 2018 남북정상회담 (2018.9.18~20, 평양)

불가능을 가능케 하라

앞에서 통일을 남자와 여자의 결혼에 비교했는데, 남북연합은 약혼과 비슷합니다. 남녀 둘이서 만나 영화도 보고, 커피도 마시고, 근사한 식당에서 스테이크도 먹어보니 대화가 즐겁고 사랑이 싹트고 헤어지기 싫으면 조금씩 결혼에 대해서 생각을 합니다.

그러다 정식으로 양가 부모님께 서로 인사도 드리고 커플 반지도 맞추는 약혼식을 합니다. 약혼식 자체를 하지 않아도, 두 사람의 사랑을 확인하고 앞으로 가정을 이루어 어떻게 살아갈 것인지 어느 때보다 진지한 시간을 갖는 때가 있습니다.

남한과 북한 역시 마찬가지입니다. 수십 년의 화해와 협력을 통해 남한과 북한은 서로 통일하는 것이 좋겠다는 확신이 서면 이를 구체적으로 실행하는 남북연합을 구성함으로써 연합제 2단계에 진입하게 될 거예요.

남북연합은 남북정상회의, 남북각료회의, 남북평의회, 공동사무처가 있습니다. 남북정상회의에서 남북정상이 통일과 관련한 핵심적인 사안을 결정하면 남북각료회의는 이를 집행합니다. 남북평의회는 국민의 대의기구인 국회와 비슷한 성격으로 통일헌법이나 기타 법을 입법합니다. 서두에 말했던 주권 문제는 이때 정리될 것입니다.

그 후 통일헌법이 민주적 절차를 통해 찬성으로 확정이 되면 초대 통일국가의 총선거가 열리게 됩니다. 이 총선거에 따라 통일 정부와 통일 국회가 구성되어 본격적인 1체제 1정부 통일국가가 되는 것이죠.

현재의 남북관계를 떠올려 본다면 남북연합은 당연히 꿈만 같은 얘기지요. 남북연락망 하나 가동하는 것도 갈팡질팡하고 남북이 한자리에 모이는 것 자체가 어려운 상황인데, 함께 모여 헌법을 만들고 총선거를 한다는 것은 불가능해 보입니다.

하지만 인류 역사는 불가능하게 보이는 것이라도 필요하다면 가능하게 만든 순간이 많았습니다. 날개가 없어 하늘을 날 수 없는데 비행기를 만들어 가능하게 하였고 나중에는 지구를 넘어 우주에까지 갔잖아요?

수천 년간 끊이지 않는 전쟁을 거듭했던 유럽지역의 국가들이 '석탄철강 공동체'로 결속하더니 유럽연합을 결성하여 현재까지 온 것 역시 대단합니다. 이들 국가가 그동안 벌인 전쟁만 놓고 보면 한반도를 훌쩍 뛰어넘는데. 화폐를 통일하고, 비자 없이 국경을 넘을 수 있는 현재를 중세시대 유럽 사람들은 상상이나 할 수 있었을까요?

★ 유럽연합 역사
- 1951년 유럽석탄철강공동체(ECSC) 설립
- 1957년 유럽경제공동체(EEC) 출범
- 1965년 유럽공동체(EC) 형성
- 1993년 유럽연합(EU) 개칭

상상더하기 알파

제 큰 딸이 초등학교 입학했을 때 장래 희망은 파티쉐였습니다. '꿈빛파티시엘' 만화를 보고 뿅 갔습니다. 그러다 '프로듀스 101' 아이돌 경연 프로그램을 보더니 아이돌로 바뀌었고, 현재는 유튜브 크리에이터입니다. 아마 여러 번 더 바뀔 것입니다.

자신이 경험한 범위 내에서 미래를 상상하듯, 남한과 북한도 최근까지 경험한 범위 내에서 통일을 생각할 것입니다. 통일의 필요성에 대해서 공감하더라도 현재 수준에서만 바라본다면 미래의 통일을 제대로 조망할 수 없습니다. 수십 년의 화해와 협력이 가져올 한반도의 변화는 우리가 현재 전혀 예상하지 못한 방향과 범위까지 뻗어나갈 것입니다.

이로 인해 남북연합 시대가 성큼 다가올 수 있습니다. 물론 남북연합 시대도 남북이 사안마다 부딪힐 수 있습니다. 통일국가를 상징하는 국기, 국가(國歌), 국화부터 모든 것을 논의해서 결정해야 합니다. 물론 독일처럼 동독이 서독에 흡수되어 서독의 제도를 동독에 이식했던 것과 같이 북한이 남한에 흡수되어 생각보다 쉽게 결론을 내릴 수도 있습니다.

독일 초대 총리였던 헬무트 콜은 "역사가 기회의 문을 조금 열어주었다. 우리는 재빠르게 문 안으로 들어갔다."라고 표현하면서 통일이 이렇게 빨리 올 거라 예상하지 못했던 과거를 회상한 적이 있어요. 독일통일을 통해 우리가 얻을 수 있는 교훈은 어쩌면 딱 하나 같습니다. '언제 통일될지 모르지만, 독일보다 더 열심히 준비해놓자' 아닐까요.

남북통일은 한 번도 가본 적이 없는 길이고 어떤 상황이 나올지 예상할 수 없기에 누구나 두려울 수 있습니다. 하지만 한 살 한 살 나이를

먹으면서 자신의 잠재력을 새롭게 깨닫는 10대들처럼 우리도 통일되는 과정에서 한반도의 가치를 새롭게 발견할 수 있습니다.

현재는 중국에 배로 수출을 하지만, 통일 후 부산에서 출발한 화물이 북한을 거쳐 중국으로 가는 것을 상상해 봅니다. 남한에서 기차를 타고 북한을 거쳐 러시아를 거쳐 유럽 여행하는 것은 또 어떨까요? 상상했던 것보다 더 많은 것을 우리는 갖게 될 것입니다.

남한은 6·25전쟁 직후 현재까지 경제성장과 민주주의 발전, 두 마리 토끼를 잡은 유일한 국가입니다. 그나마 성공한 국가들도 100년, 200년 걸린 일을 남한은 50년 안에 이룩하였습니다. 북한은 경제만 어려운 것이 아니라 민주주의에 대한 경험도 적습니다. 고생도 해본 사람이 안다고, 남한만큼 북한의 경제와 민주주의를 성장시킬 수 있는 국가는 없을 것입니다.

남한이 원하든 원하지 않든 통일은 남한이 주도하는 연합제 방식으로 진행될 것입니다. 이 과정에 남한이 압축성장 경험을 북한에 압축 전수해주면 어떻게 될까요? 한민족은 저력이 있기에 남한이 걸린 50년의 그 절반인 25년 만으로 한반도 전역은 현재의 남한처럼 발전할 수 있을 것입니다.

함께 얘기해봐요

1 통일국가의 국기와 화폐에는 어떤 그림들이 들어가는 것이 좋을까요?

2 남한의 통일방안인 연합제는 총 3단계가 있는데 어떤 단계가 가장 시간이 필요하고 그 이유는 무엇인가요?

09 김정은 위인전에 거론된 남한 7인

제가 강의할 때 "북한 사람 중 아는 사람 이름을 말해보세요."라고 물어보면 보통 3명은 확실히 얘기합니다. 김일성 주석과 김정일 위원장, 그리고 김정은 위원장이죠. 북한에 조금 관심 있는 사람은 이설주, 김여정, 현송월 정도까지 대답합니다. 예전에 가수 이효리와 함께 핸드폰 CF를 찍었던 북한 가수 조명애가 살짝 인기가 있었는데 그것도 호랑이 담배 피던 시절 이야기죠. 요즘 청소년들은 민박집 이효리 언니가 가수였다는 것도 모르더군요.

북한 주민이 인정한 최초의 남한 인싸

그럼 반대로 북한에서 유명한 남한사람은 누구일까요? 당장 북한에 가서 물어볼 수도 없으니까 북한이탈주민에게 물어보면 어느 정도 감은 잡을 수 있습니다. 남한사람으로서는 처음으로 북한 주민에게 엄청난 인기를 끌었던 사람인데요, 바로 임수경 전 국회의원입니다. 40대 이상 북한이탈주민 중 임수경이라는 이름을 모르는 사람은 간첩입니다.

임수경은 대학생 시절 평양 세계청년학생축전 참가를 위해 북한에 들어갔습니다. 세계청년학생축전은 공산주의 국가 청년들의 행사인데 1988년 서울올림픽에 자극을 받은 북한이 1989년 개최한 행사였죠. 그때는 지금보다 더 남북 관계가 안 좋았기에 남한 정부는 임수경이 북한에 입국하는 것을 허락하지 않았어요. 그래서 남한 정부 몰래 일본, 동독을 경유해 북한에 들어갔습니다.

임수경은 방북 기간 자유롭고 거침없는 모습을 보였는데 북한 주민들에게 신선한 충격을 주었습니다. 그 당시 북한을 방문한 남한사람은 대부분 나이가 많은 남자이고 항상 진지한 모습이었는데, 그에 반해 단발머리에 흰 티와 청바지를 입은 남한 여대생이 여러 행사에 방긋 웃고 다니고 있으니 아주 신기했던 거죠.

심지어 청바지는 미국을 상징한다고 해서 북한에서는 금지되어 있었다는 사실! 임수경의 자유분방한 모습에 북한 주민들은 반하게 되었고, '통일의 꽃'이라고 불렸습니다. 아마도 그녀는 북한 주민들이 열광하는 최초의 남한 아이돌이 아니었을까 생각해봅니다.

임수경은 귀국 후 바로 국가보안법 위반으로 감옥에 갇히게 되었습니다. 이듬해에 남북고위급회담을 취재하러 서울에 내려온 북한기자단들이 그녀의 집에 가서 가족 인터뷰를 했는데, 북한은 남한 체제를 비판하기 위한 목적으로 인터뷰 영상을 방송으로 내보냈어요.

그런데 의도와 달리, 북한 주민들에게 오히려 남한에 대한 동경심을 심어주게 됩니다. '임수경 학생이 감옥에 간 것은 맞지만 사형당한 것도 아니고, 심지어 가족들은 정치범 수용소에 끌려가지 않은 채 살고 있었다.'는 거죠. 만약 북한이었다면 사돈 팔촌의 모든 친척은 연좌제로 정치범 수용소에 끌려가야 했을테니까요.

그리고 인터뷰 배경으로 나온 집안에 냉장고, 컴퓨터 같은 것이 있고 식사 준비를 했는데 밥상 위에 반찬이 많은 것, 심지어 부엌에 통조림이 많은 것을 보고 남한 경제 사정이 좋다는 것을 알게 되었다고 하네요. 북한 주민들이 왜 임수경 전 의원을 '통일의 꽃'이라고 불렀는지 모르겠지만, 결과적으로 남한을 모르는 북한 주민들에게 참 진리를 선사한 '통일의 꽃'이 맞는 것 같습니다.

북한 인싸가 된 7명의 남한사람

평양출판사에서 2020년 말 발간한 '위인과 강국시대' 표지

2020년 말, 북한에서 김정은 위원장 집권 10주년을 기념하여 '위인과 강국시대'라는 책이 발간되었어요. '김정은 위인전'으로 알려진 이 책은 남한 언론 대부분이 발간 소식을 알릴 정도로 큰 주목을 받았습니다. 평양 출판사가 621쪽 분량으로 만든 이 책은 김정은 위원장의 10년 동안의 업적을 찬양하는 내용이 주를 이룹니다. 북한은 원래 지도자를 찬양하는 책을 자주 출판하는데 왜 유독 이 책이 남한 언론에 크게 다뤄졌을까요?

이 책에는 신기하게도 김정은 위원장만을 찬양하는 것이 아니라 남한사람 몇 명을 칭송하는 부분이 있었기 때문입니다. 위인전에는 전직 대통령 부부, 기업가 부자(父子)와 며느리, 종교인 부부 7명의 이름이 적혀 있었습니다. 그런데 하필이면 김정은 위원장과 두 번의 정상회담을 했던 문재인 대통령의 성함은 빠져 있어서 김정은 위원장이 의도적으로 무시한 것 아니냐는 얘기가 돌기도 했었죠.

북한은 왜 7명의 남한사람을 칭송하는지, 그들이 북한에서 최신 공식 '인싸'가 된 비결이 무엇인지 적힌 순서대로 알아보겠습니다.

20세기 최고의 전위예술가

김정은 위원장의 위인전에 첫 번째로 이름을 올린 사람들은 경제인 가족입니다. 바로 현대그룹의 정주영 명예회장, 정몽헌 회장, 현정은 회장이지요. 책에서는 현정은 회장이 가족과 함께 김정일 위원장 사망시 조문했을 때 김정은 위원장과의 인연을 소개하였습니다. '정주영 명예회장과 정몽헌 회장이 통일애국의 길과 북남경제협력의 길을 걸은 것'에 평가하면서 '현정은 회장의 앞날을 기대한다.'는 내용도 있었습니다.

▶ 정주영
(1915.11.25~2001.3.21)
현대그룹을 창업한 대한민국의 기업인이며 전직 정치인이다.
©TSGT 르네 시틀러

남북관계에서 현대그룹의 역할은 엄청났습니다. 무엇보다 정주영 명예회장의 1998년 소떼 방북은 전 세계가 주목한 사건이었습니다. 북한 실향민이었던 그가 어렸을 때 아버지가 소를 팔고 번 70원을 몰래 들고나와 세계적인 기업을 일구고 다시 1,000마리 소를 몰고 휴전선을 넘어 북한으로 가져간 것은 큰 반향을 일으켰습니다.

정주영 명예회장은 분단 이후 민간인이 판문점을 통해 북한에 들어간 첫 사례이기도 했습니다. 소떼 방북은 미국 뉴스전문 채널인 CNN에 생중계되면서 전 세계에 알려졌는데 세계적인 문명비평가인 기 소르망은 '20세기 최후의 전위예술'이라고 말할 정도였습니다.

1998년 10월 27일 정주영 명예회장의 방북과 함께 북으로 가고 있는 소 1000마리와 트럭 50대
ⓒTSGT Renee' Sitler

정주영 명예회장은 1차, 2차 500마리씩 나눠서 방북하였는데 2차 방북 때 김정일 위원장을 만나 금강산 관광을 비롯한 다양한 사업에 대해 논의를 하였습니다. 2차 방북 직후인 11월 중순 '금강호'가 첫 출항을 하면서 드디어 금강산 관광이 시작되었습니다.

금강산 관광은 10년간 193만 명의 남한사람이 다녀올 정도로 엄청난 인기를 끌었습니다. 등산을 싫어하는 제가 5번을 다녀온 것만 하더라도 얼마나 좋은지 알 수가 있죠. 그러나 안타깝게도 2008년 남한 관광객이 북한군 총에 맞아 사망하는 사건이 발생한 이후 중단된 상태입니다.

최초이자 대규모 남북경협 프로젝트인 개성공단도 현대그룹이 추진하였습니다. 2003년 착공하여 2005년부터 남한 기업이 입주하기 시작하여 120여개 업체와 북한 주민 5만 명이 일하는 공단으로 커졌습니다.

개성공단이 처음 출발할 때 남한 기업인들은 북한 노동력에 대한 확신이 적었습니다. 다른 동남아 국가에 비교해 임금이 적은 것도 아니고 공산주의 체제에 살아왔기 때문에 얼마큼 열심히 일할 수 있을까 걱정을 많이 했다고 합니다. 아무래도 기업인들은 남북협력보다는 공단에서 만든 물건을 통해 얻는 이익에 더 관심을 가는 것이죠.

그런데 막상 북한 주민에게 일을 시켜보니 성실하게 잘했습니다. 무엇보다 말이 통하니까 부족한 것은 바로 고칠 수 있었습니다. 세계적 기업인 현대그룹에서 추진하는 사업이니 역시 좋다는 입소문이 나서 더 많은 기업이 입주하게 되었습니다. 기존 공단이 비좁아서 확장까지 하려고 했지만, 남북 관계가 어려워지면서 2013년 1차 폐쇄 후 재가동, 2016년 2차 폐쇄 후 현재까지 오게 되었습니다.

▶ 개성공업지구(개성공단)
흔히 개성공단(開城工團)으로 불리며, 대한민국과 조선민주주의인민공화국이 합작으로 추진했었던 조선민주주의인민공화국의 경제특구였다.
ⓒ미무라

사실 개성지역은 북한 군사요충지로 개성공단이 들어서기 전에 각종 무기로 무장한 군부대가 깔려 있었어요. 개성공단이 들어서자 군부대를 다른 곳에 이동시켜야 해서 북한 내부에서 상당한 고민을 했다는 후문이 있었죠. 이런 상황에서 김정일 위원장을 설득했던 정주영 명예회장은 정말 대단한 인물입니다.

은둔의 지도자 김정일 위원장을 나오게 하다

김정은 위인전에 두 번째 이름을 올린 사람은 정치인 가족입니다. 바로 김대중 전 대통령, 이희호 여사입니다. 책에서는 2018년 남북정상회담 수행원으로 참석한 김대중 전 대통령의 아들을 보고 김정은 위원장이 이희호 여사의 안부를 묻는 내용이 나옵니다. 또한 6·15 정상회담과 그 후 김대중 전 대통령의 서거, 김정일 위원장 사망 시 조문을 하

▶ **2000년 남북정상회담**
대한민국 김대중 대통령과 김정일 조선민주주의인민공화국 국방위원장이 평양에서 2000년 6월 13일부터 6월 15일까지 2박 3일 동안 진행한 회담이다. 제1차 남북정상회담이었고 회담 결과로 마지막날 6·15 남북 공동선언이 발표됐다.
©문화체육관광부 한국정책방송원

였던 이희호 여사와의 일화, 이희호 여사의 서거에 대해서도 적혀 있습니다.

특히 이희호 여사에게 '김대중 전 대통령과 함께 온갖 풍파를 겪으며 민족의 화해와 단합, 나라의 평화와 통일을 위해 기울인 헌신과 노력은 자주통일과 평화번영의 길로 나아가고 있는 현 북남관계의 흐름에 소중한 밑거름이 되고 있으며 온 겨레는 그에 대하여 영원히 잊지 않을 것'이라고 칭송하였죠.

김대중 전 대통령은 역사상 최초의 남북정상회담을 한 인물입니다. 2000년 6월 13일 평양 순안공항에 도착했을 때 김정일 위원장이 공항까지 직접 마중을 나왔고, 북한군 의장대의 사열을 받았고, 회담장을 향해가는 길에 수십만의 평양시민들 환영을 받았습니다.

김대중 전 대통령은 야당지도자 시절 군부정권으로부터 납치와 투옥을 당했던 남한의 민주화 운동가로 세계에 널리 알려져 있습니다. 남한 역사상 최초의 정권교체를 하였고 '햇볕정책'이라는 독창적인 통일방안을 제시할 정도로 남북통일에 대한 소신이 있었죠.

김정일 위원장은 김대중 전 대통령과 대화하면서 "김 대통령이 오셔서 이제 은둔에서 해방됐다."라고 말할 정도로 서방세계에는 '은둔의 지도자'로 알려져 있었습니다. 정상회담 직전까지는 김정일 위원장의 음성자료가 거의 없을 정도였습니다. 상황이 이렇다 보니 정상회담 기간 내내 김대중 전 대통령과 김정일 위원장의 대화는 전 세계 사람들에게 주목을 받았습니다.

세계적인 통신사인 AP(Associated Press)는 매년 말에 발표하는 '세계

10대 뉴스'에 남북정상회담을 다섯 번째 뉴스로 선정하였습니다. 이 뉴스 선정은 세계 19개국의 주요 50개 언론사 간부들이 투표한 결과를 토대로 하는데 그만큼 핫이슈였다는 것이죠.

정상회담 마지막 날에는 '6·15 남북공동선언'을 합의하였고 이로 인해 남북의 교류와 협력은 봇물 터지듯이 전 분야에 걸쳐 실행되었습니다. 남북정상회담이 있던 해 김대중 전 대통령은 인권과 평화 증진의 공로로 남한 최초로 노벨상 수상을 하였습니다.

세계적인 승공지도자가 위인전에?

김정은 위인전에 세 번째 이름을 올린 가족은 종교인 가족입니다. 바로 문선명 총재, 한학자 총재입니다. 소개 초반에 '승공통일', '공산주의 소멸'의 구호를 내들고 포교 활동을 벌이던 사람이라고 나와 있습니다. 책에는 문선명 총재가 세상을 떠난 날 조전과 화환을 보내고, 1주년, 3주년도 별도로 조전을 보냈고, '조국 통일을 위한 사업에 이바지하여 누구나 받아 안을 수 없는 조국통일상을 수여하였다.'고 나옵니다. 후반부에는 '문선명 총재의 부인인 한학자 세계평화련합 총재가 하는 모든 일이 잘되기를 바란다.'고 하였습니다.

문선명 총재와 한학자 총재는 1991년 11월에 방북하여 김일성 주석을 만났습니다. 책 서두에 '디스'를 할 정도로 문선명 총재에 대한 북한의 인식은 아주 안 좋았는데 방북을 했다는 그 당시 소식에 전 세계는 깜짝 놀랐습니다.

북한은 남한보다 국력이 강할 때 제2의 6·25전쟁을 일으켜 미완의

1991년 12월 6일 문선명·한학자 총재와 김일성 주석과의 회담
ⓒ세계평화통일가정연합

적화통일을 완수하려고 하였습니다. 전면전을 준비하기 위해 땅굴을 파고, 남한 대통령을 제거하기 위한 특수부대를 보내고, 남한 스스로 무너질 수 있게 수많은 간첩도 보냈습니다. 주한미군 철수를 비롯한 북한에 유리한 상황을 만들려고 갖은 노력을 다했는데 그때마다 문선명 총재는 '승공통일', '공산주의 소멸'을 외치며 방해를 했으니 얼마나 눈엣가시였을까요?

그런 사람이 김일성 주석을 만난 것도 모자라 경제 회담을 통해 중요한 내용을 합의했는데, 그 내용이 언론을 통해 알려지자 세계적으로 큰 반향을 일으켰습니다. 그것은 이산가족 상봉, 북한의 국제 핵사찰 수용, 경제협력, 남북정상회담 조속 개최였습니다.

김일성 주석이 정부 관계자가 아닌 민간인과 그런 회담을 하고 합의사항을 발표한 것도 의아했지만 추후 이 합의사항이 실제로 집행되었다는 점에서 의미가 있었습니다.

▶ 평양에 설치된 평화자동차 '휘파람' 광고판

맵시있고 든든한 자동차! 휘파람, 1996 애틀랜타 올림픽 유도 여자부 48㎏급 금메달리스트 계순희 선수가 모델로 등장했다.
ⓒRyuugakusei

문선명 총재는 경제협력의 시작으로 평양에 있는 보통강호텔을 인수하였습니다. 북한 내 호텔 중 유일하게 미국 뉴스전문 채널인 CNN을 시청할 수 있는 곳입니다.

뒤이어 2000년 초 평화자동차 종합공장을 만들었습니다. 평화자동차는 북한의 유일한 자동차 생산 공장으로 그 당시 간단한 소비재의 위탁생산이나 자원개발, 관광사업에 한정되었던 남북 경제협력을 한 차원 끌어올렸습니다. 김정일 위원장이 직접 작명한 '휘파람'과 '뻐꾸기' 차가 생산되었고 북한 최초로 이를 알리는 광고판도 평양 시내에 설치되었습니다.

또한 문화교류로 역사상 최초의 남북 청년대학생 세미나를 5차례 개최하였고, 리틀엔젤스 평양공연과 평양학생소년예술단의 서울공연을 실행하였습니다. 특히, 평양학생소년예술단의 서울공연은 2000년 남북정상회담 개최를 한 달 안 남은 상태에서 남북통일을 기원하는 의

미로 열렸죠.

남북정상회담 이후에는 평화항공여행사를 만들어 최초의 평양 관광을 실행하였습니다. 현대그룹이 진행한 금강산 여행도 인기가 많았지만, 북한 수도인 평양을 관광할 수 있다는 것은 매우 큰 뉴스였죠. 또, 다양한 통일그룹 산하 NGO를 통해 의약품, 식량, 축구공 등을 북한에 지원하였습니다.

북한이탈주민을 만나면 위에 소개한 7명의 남한사람은 북한에서 '인싸'인 것을 확인할 수 있습니다. 직접 본 적은 없어도 이름은 들어봤다고 하는 경우가 많습니다. 저도 언젠간 북한 책에 나오는 인싸가 될 수 있을까요? 그날이 오기를 기대해 봅니다.

함께 얘기해봐요

1 김정은 위인전에 거론된 7인에 대해 어떤 생각이 드나요?

2 향후 남북 관계가 좋아지면 현재 남한사람 중에서 북한 주민들에게 가장 잘 알려질 수 있는 사람이 누가 있을까요?

10 유엔, 대한민국의 산파가 통일국가까지

올림픽 시상식이나 국가대표 경기 시작 전 울려 퍼지는 애국가는 그 어느 때보다 감개무량합니다. 똑같은 애국가이지만 학교에서 부르는 애국가나 TV 정규방송이 마칠 때 울리는 애국가보다 더 감동적인 것 같습니다. 애국가 1절 가사를 보면 '하느님이 보우하사 우리나라 만세'가 나오는데 신앙이 있는 사람이든 없는 사람이든 끝까지 힘차게 부릅니다.

한반도의 광복에서 6·25전쟁, 정전협정까지 약 8년 기간 동안 살펴보면 정말 '하느님이 보우하사 우리나라 만세'였던 것 같습니다. 현재의 남한이 탄생하고 살아남아 현재까지 발전할 수 있었던 것을 보면 애국가 가사에 적혀 있는 하느님이 보우한 것이 맞는 것 같습니다. 그렇지 않고는 이런 기적을 이룰 수 있었을까요.

애국가 가사

(1절) 동해물과 백두산이 마르고 닳도록
하느님이 보우하사 우리나라만세

(2절) 남산위에 저 소나무 철갑을 두른듯
바람서리 불변함은 우리기상 일세

(3절) 가을하늘 공활한데 높고 구름없이
밝은달은 우리가슴 일편단심일세

(4절) 이 기상과 이 맘으로 충성을 다하여
괴로우나 즐거우나 나라사랑하세

(후렴) 무궁화 삼천리 화려강산
대한사람 대한으로 길이보전하세

한반도의 광복에서 6·25전쟁, 정전협정까지 약 8년 기간을 보면 남한이 공산화 될 수 있는 위기가 너무나 많았습니다. 그런데 많은 위기를 극복하고 살아남은 남한은 자유민주주의를 꽃피우고 북한과 완전히 다른 운명을 만들었습니다. 3가지 예만 들어볼까요?

첫째, 1945년 해방되기 전 8월 9일 한반도 북쪽을 통해 진입한 소련군은 38선에서 멈춰버립니다. 왜 그랬을까요? 그때 한반도에서 가장 가까운 미군은 한반도로부터 1,000km 떨어진 오키나와에 주둔해 있었기에 사실 소련이 얼마든지 마음만 먹었으면 한반도 전체를 점령할 수 있었거든요. 왜 그랬을까요?

둘째, 당시 이북만이 아니라 이남 지역도 사회주의, 공산주의에 우호적이었습니다. 만약 이승만 대통령이 1948년 8월15일 유엔참관 하에 총선거를 통해 남한 단독정부를 탄생시키지 않았으면 어떻게 되었을까요?

셋째, 6·25전쟁 때, 유엔군 파병에 대해 미국이 빠른 조치를 하지 않았다면 어떻게 되었을까요? 유엔 안전보장이사회에서 상임이사국 중

★ 유엔 안전보장이사회
회원국의 평화와 안보를 담당하는 유엔의 한 기관이다. 대한민국에서는 간략하게 안보리(安保理)로 줄여 말한다. 유엔의 다른 기관들이 회원국 정부에 대해 조언만을 할 수 있는 것과 대조적으로, 안전보장이사회의 결정은 유엔 헌장에 의거해 회원국들이 반드시 이행하게 되어 있다.

1950년 6월 27일 유엔 안전보장이사회 회의에서 소련 대표가 불참한 가운데 7개 이사국이 손을 들어 한국에 대한 군사지원을 결의하고 있다.
©Wikimedia Commons

에서 한 국가라도 거부권을 행사하면 안건 통과가 안 되는데, 만약 소련이 유엔군 파병에 대해 기권이 아니라 거부를 행사했다면 어떻게 되었을까요?

역사의 '만약'은 의미가 없다고 하지만 3가지를 예만 보더라도 한반도 남쪽에 사는 우리가 현재 북한 주민과 다르게 살 수 있게 된 것은 코끼리가 바늘구멍을 지나가는 것보다 조금 더 큰 확률이었다는 것을 알 수 있죠. 이 과정에 큰 도움을 준 국가는 미국이었고, 이를 가능케 한 또 하나가 있었으니 그것은 바로 유엔입니다.

한민족의 광복과 함께 태어난 UN

1차 세계대전 반발에 대한 주요 국가지도자들의 대안으로 출범했던 국제연맹은 2차 세계대전이 발발함에 따라 역사 속으로 사라졌습니다. 그리고 과거 세계전쟁을 막지 못했던 국제연맹의 전철을 밟지 않기 위해 새로운 조직인 국제연합(United Nations), 유엔이 1945년 창설되었습니다.

▶ 국제연합

국제 평화와 안전을 보장하고, 국제 협력 증진, 인권 개선 등의 활동을 통해 세계의 번영을 추구하는 국제 기구이다. 또한 UN은 전세계 거의 모든 국가를 아우르는 국제 기구이며, 1945년 10월 24일에 제2차 세계대전 종전 이후 출범했다. 설립 목적은 국제법, 국제적 안보 공조, 경제 개발 협력 증진, 인권 개선으로 세계 평화를 유지하는 데 있다.

유엔은 그 전신인 국제연맹의 무기력을 교훈 삼아 3가지 큰 변화를 주었습니다.

첫째는 총회만이 아닌 상임이사국을 두어 주요결정을 하게 하는 것, 둘째는 만장일치 대신 다수결로 의사결정을 하는 것, 셋째는 분쟁지역에 말만이 아닌 물리력을 사용할 수 있는 군대를 운영하는 것이었습니다.

유엔을 창설하게 목적은 2차 세계대전 이후 복구를 위해서였습니

▶ 유니세프(UNICEF)

1946년 12월 11일 설립되었다. 156개 가난한 국가의 굶주리는 어린이를 위해 활동한다. 긴급 구호, 영양, 예방 접종, 식수 문제 및 환경 개선, 기초 교육 등과 관련된 일을 하고 있다. 개발도상국의 어린이와 여성을 돕기 위한 기금이다. 1965년 노벨평화상을 수상하기도 했다.

다. 전 세계에 펼쳐진 전쟁의 상처를 치유하기 위해 시급하게 '유니세프' '유엔난민기구' '세계보건기구'를 유엔 산하에 조직하여 긴급구호와 의료지원을 하였습니다.

그 후 3년도 안 된 상황에서 유엔은 한반도에서 중대한 기로를 맞게 되었습니다. 한반도 전후처리를 놓고 유엔의 상임이사국이었던 미국과 소련이 부딪히게 된 것이죠. 결국 1947년 유엔총회에 한민족의 독립절차를 규정한 미국의 결의안을 채택하고 유엔 한반도 임시위원단 구성과 총선거를 통한 독립 정부 수립을 가까스로 의결하게 되었습니다.

이에 따라 1948년 5월 남쪽은 미국감시위원단이 들어와 총선거를 실행하였지만, 북쪽은 총선감시위원단인 소련이 들어가지 않았습니다. 결국 한반도 전체가 아닌 반쪽짜리 선거가 되었고, 유엔은 한반도의 남쪽인 대한민국 정부만 합법적인 정부로 승인하였습니다.

그 후 2년도 지나지 않아 북한은 적화통일을 위해 남한을 침공하였습니다. 유엔의 입장으로 보면 한반도 북쪽의 무장 단체가 유엔이 승인한 한반도 남쪽의 국가를 겁도 없이 침공한 것이었지요. 무방비의 남한군은 북한군에 속수무책으로 패배했고, 부산을 제외한 전 지역은 순식간에 북한군에 점령당했죠.

유엔은 군대를 일사천리로 창설하였고 미국을 중심으로 16개 회원국의 군대가 유엔군이라는 이름으로 한국전쟁에 파병되었습니다. 이때 파병된 유엔군은 34만 명이 넘었습니다. 우리나라의 참전 인원이 127만 정도였다는 걸 생각해보면 유엔군의 파병이 며칠만이라도 늦었다면 남한이 어떻게 되었을지 끔찍합니다. 아마도 공산화되었겠지요.

유엔은 6·25전쟁 이후 현재까지 국제분쟁 지역에 수많은 유엔 평화유지군을 파병하고 있지만, 6·25전쟁과 같은 유엔군 파병은 처음이자 마지막이었습니다. 현재의 유엔 평화유지군은 전쟁을 일으킨 국가와 공격을 당한 국가 사이에 어느 편에 서지 않고 오직 중립 입장에서만 치안유지를 중점으로 하고 있거든요.

그런 점에서 인류역사상 가장 큰 다자기구인 유엔이 창설 초기의 정체성을 정립하기 위해 6·25전쟁에 얼마큼 진지하게 임했는지 알 수 있습니다.

유엔 제5사무국은 이곳에

남한은 1991년 9월이 되어서야 유엔에 가입을 할 수 있게 되었습니다. 냉전 기간 소련의 반대로 남한의 가입 시도는 계속 좌절되었기 때문인데요. 탈냉전 기간 북한과 공동가입을 신청하고 나서 남한은 비로소 유엔 회원국이 되었습니다.

▶ 유엔본부
미국 뉴욕 맨해튼에 있는 유엔 사무국 건물의 모습
ⓒSilje Bergum Kinsten

유엔은 현재 세계에서 가장 강력한 영향력을 가진 다자기구입니다. 1년 예산은 약 3조4천억 원이며 회원국의 분담금으로 유지하는데 그중 22%를 미국이 분담합니다. 유엔 도움을 많이 받았던 우리는 어느새 11번째 분담금을 많이 내는 국가가 되었습니다. 심지어 반기문 제8대 유엔사무총장까지 배출하였으니 완전 유엔 모범국이 된 거죠.

유엔 직원 수는 약 6만5천 명이고, 뉴욕 유엔본부에만 1만5천 명이 일하고 있습니다. 유엔은 전 세계에 총 4개의 사무국을 운영하고 있는데, 뉴욕에 제1

사무국, 스위스 제네바에 제2사무국, 오스트리아 비엔나에 제3사무국, 케냐 나이로비에 제4사무국이 있어요.

각 사무국이 다루는 핵심 사안은 특징이 있고, 사무국이 개설된 국가의 배경과 관련 있답니다. 유엔 설립을 미국이 주도하였기에 첫 번째 사무국은 뉴욕에 생겼고, 세계적인 갈등을 중재할 수 있는 영세중립국으로 스위스와 오스트리아가 선택되었습니다. 그래서 제2, 제3사무국은 국가 간 갈등, 핵무기 같은 대량살상무기 감시, 군비축소 사안을 다룹니다.

그리고 난민과 저개발 국가의 주거 문제, 환경문제는 제4사무국이 담당하고 있습니다. 기존 사무국이 미국과 유럽에만 설치되어 있는 것에 대한 배려도 함께 작용하여 제4사무국이 아프리카 케냐에 있는 것이죠.

이런 흐름이라면 아시아에도 유엔 사무국이 설치되어야 하는 게 아닐까 하는 생각이 드는데요. 저는 몇 가지 이유로 아시아 국가 중에서도 한반도에 유엔 제5사무국이 설치되어야 한다고 봅니다.

첫째, 세계평화의 향방을 결정짓는 지정학적 위치가 동북아시아라는 점입니다. 둘째, 북한 핵무기 해체와 관련 북미 회담을 중심으로 하되 기존 6자 회담을 계승 발전시킬 수 있는 별도의 유엔기구가 필요하다는 점입니다. 셋째, 유엔의 평화수호 활동에 대한 과거와 현재와 미래를 상징하는 곳이 한반도이기 때문입니다.

게다가 한반도에는 이 3가지 의미를 가장 잘 살리는 곳이 있습니다. 역대 사무국은 해당 국가의 수도나 대도시에 만들어졌지만, 제5사무국이 한반도에 온다면 그곳은 바로 비무장지대(DMZ : DeMilitarized Zone)여야 합니다.

DMZ에 피는 평화의 봄

38선은 2차 대전 직후 일본이 떠나간 후 미국과 소련이 점령한 군사 분계선으로 6·25전쟁 전부터 있었어요. 처음 남북을 갈랐던 38선은 수평선이었는데 전쟁 이후 왼쪽은 조금 낮고 오른쪽은 조금 높은 사선이 되었습니다. 이로 인해 38선 이남 땅이었던 개성은 북한 땅이 되었고, 이북 땅이었던 고성은 남한 땅이 되었습니다. 김일성은 고작 수평선을 사선으로 살짝 기울게 하려고 그 처참한 6·25전쟁을 일으켰나 싶습니다.

외형으로는 약간의 기울기이지만 그 기울기를 만들려고 얼마나 많은 생명이 저세상으로 가야 했느냐는 아픔이 느껴집니다. 6·25전쟁 3년 기간 중 2년은 현재의 휴전선에서 수많은 군인이 죽고 죽이는 소모전이 벌어지다 정전이 되었습니다.

▶ DMZ(비무장지대)
한국 전쟁 이후 1953년 체결된 정전 협정에 따라 설정된 비무장 지대이다.

얼마나 많은 생명이 이 지역에서 무참히 죽었을까요? 6·25전쟁 사상자는 공식적으로 알려진 군인들의 수만 전체 80만 명(한국군 64만 5천 명, 유엔군 15만 5천 명)이며, 민간인 사상자와 공산 진영의 군인들을 포함하면 300만 명 이상이라고 알려져 있습니다. 이 중 상당수가 휴전선에서 전사한 것을 볼 때, 휴전선은 수백만 죽음의 비극이 벌어진 비참한 땅입니다.

전쟁이 멈춘 지 70년이 흘렀지만, 아직도 유해 발굴 중인 것을 보면 얼마나 많은 사람이 죽었는지 알 수 있죠. 죽어서도 편히 쉬지 못하는 사람과 그 가족이 있다는 것은 얼마나 안타까운 일인가요.

DMZ는 기울어진 군사분계선을 중심으로 남으로 2km, 북으로 2km, 총 4km 면적이 한반도 허리를 관통하는 지역입니다. 원래는 남북한 충돌을 방지하기 위해 비무장지대를 만들었지만, 언제부터인가 이곳에 남북한 군인과 무기가 들어가게 되었어요. 워낙 가까운 거리에 대치하고 있기에 지금까지 크고 작은 충돌이 일어나 많은 희생자도 생겼습니다.

이런 곳에 유엔 제5사무국이 들어온다면 한반도 평화를 위한 매우 큰 상징이 됩니다. 유엔이 말만이 아니라 온몸으로 평화를 지키려고 하고 있음을 보여줄 수 있지요. 유엔 사무국이 DMZ에 들어오게 되면 북한이 크고 작은 도발을 하려고 할 때, 전과 달리 깊은 고민을 해야 할 거예요.

또, DMZ 안의 유엔 제5사무국은 한반도만이 아니라 세계평화에 획기적인 상징이 될 것입니다. 수많은 유엔군이 피땀을 흘려 지킨 역사가 있는 유일한 곳, 38선을 두고 남북이 현재 대치하는 곳에 세계평화를 염원하는 전 세계 사람들이 이곳에 견학을 온다면 많은 것을 느끼게

▶ DMZ 평화공원
한반도의 남북관계를 개선하고 평화를 정착시키기 위해 휴전선 비무장지대(DMZ)에 조성할 예정인 평화공원이다.

될 것입니다. 평화교육의 살아있는 현장이 되는 것이죠. 그런 점에서 'DMZ 평화공원'을 건립하는 것도 함께 생각해볼 수도 있습니다.

요즘은 열대우림 아마존이나 남극과 북극에도 관광객들이 드나드는데 지구상에 유일하게 사람이 못 들어가는 곳이 DMZ입니다. 자그마치 제주도의 절반 크기의 땅이 인적이 없던 곳이라는 점에서 전 세계에 찾아볼 수 없는 지역입니다. 이런 곳에 지구환경, 생태 보존과 평화가 연결된 공원을 조성한다면 얼마나 좋을까요?

이미 남한에 들어와 사무소를 설치하고 활동하고 있는 '녹색기후기금'을 비롯한 10여 개의 유엔 산하 기구들이 제5사무국에 통합되어 운영된다면 더 큰 시너지를 발휘하게 될 것입니다. 여담이지만, 유엔 회원국 중 아시아가 가장 인구가 많다는 점에서 제5사무국은 동북아시아 한반도에 들어와야 합니다. 아시아에 2개가 있어도 시원찮을 판인데 아직 하나도 없다는 것이 이상하죠.

유엔, 한 번 더 부탁해

남한이 주도하는 연합제 방안으로 통일하는 과정에도 유엔은 아주 중요합니다. 제2단계 남북연합에서 제3단계 실질적인 통일국가로 갈 때 총선거가 있습니다. 남북연합에서 만든 통일헌법을 중심으로 국민의 주권을 수호하는 대통령과 국회의원을 선출하고 통일정부와 통일국회가 출발하면 드디어 통일국가가 출발합니다.

총선거는 통일국가의 실질적인 출발을 하는 것이기에 어떤 의심 가는 행동이나 부정이 있으면 안 됩니다. 북한은 실질적인 선거가 없으니 말할 것도 없고, 남한에서 하는 선거도 불미스러운 일이 일어날 때가 있었는데 남북한 총선거는 조금이나마 문제될 수 있는 것을 미리 방지해야 합니다.

북한지역의 선거 결과를 남한에서 받아들이지 않을 수 있고, 반대의

미래의 푸른 하늘에 휘날릴
한반도 통일기

경우가 나올 수 있기 때문입니다. 그렇기에 1948년 한반도 이남에만 있었던 총선거를 유엔 감시하에 했던 것처럼 미래에 할 한반도 전역에서의 총선거 역시 유엔의 역할이 필요합니다.

민주적인 절차와 공정한 선거가 될 수 있는 유일한 방법은 유엔의 적극적인 선거 감시가 될 것입니다. 유엔을 통해 성립된 남한 정부가 몇 십 년이 지나 세계에 큰 역할을 했듯이, 유엔을 통해 출발할 통일국가는 향후 세계평화에 중심적인 역할을 할 것입니다.

한민족은 남북통일 과정에 얻게 될 평화를 지키고(Peace-Keeping), 평화를 만들고(Peace-Making), 평화를 구축하는(Peace-Building) 전 과정의 경험을 유엔 회원국들에 나누면서 한반도의 평화가 곧 세계평화의 열쇠임을 증명할 것입니다. 여러분, 그날이 기다려지지 않나요?

함께 얘기해봐요

1 DMZ에 유엔 제5사무국이 생기면 남한과 북한이 얻을 수 있는 것들은 각각 무엇이 있을까요?

2 한반도 평화와 통일을 위해 여러분은 어떤 일을 하고 싶은가요?

추천사

한반도 평화를 위한 노력의 길

김호성

서울교육대학교 제13대 총장(정치학 박사)

'10대를 위한 통일이야기' 출간을 축하드립니다.

이 책은 우선 소박하게 전개되는 읽을거리를 많이 제공하고 있습니다. 남북한의 차이점을 비교하면서 비교적 쉬운 용어로 집필되었다는 점도 돋보입니다. '10대를 위한 통일이야기'라는 책 제목을 보듯이, 5천년의 오랜 역사와 문화를 가졌지만 동족상잔의 전쟁을 치렀으며, 현재 지구촌의 유일한 분단국가로 남아있는 한반도 이야기입니다. 그래서 지난 70여 년 동안 극단적인 대립과 갈등하고 있는 한반도 통일문제에 관심이 있는 지구촌의 남녀노소는 누구나 한 번쯤 읽어 볼만한 내용으로 이루어져 있습니다.

더욱이 앞으로 우리 민족의 미래를 책임질 국내외의 우리 젊은 청소년들이 꼭 한번은 읽어보기를 바라는 간절한 마음을 담아 발간 추천사를 씁니다.

한반도의 통일문제는 누구나 쉽게 말할 수 있다고 보지만, 한마디로 이야기하고 논단하기는 정말 어려운 과제들이 많이 쌓여있습니다. 더욱이 한반도 주변에는 4대 강국들이 포진하고 있다는 환경은 한반도 통일논의를 더욱 어렵게 하고 있습니다.

그렇기 때문에 이 책의 내용에 대해서는 독자의 주관에 따라서 다른 의견이 얼마든지 있을 수 있고, 정보수집의 어려움으로 인해서 사실적 내용에 오류가 있을 수도 있습니다. 그러나 누구나 한 번쯤 통일문제에 대해서 생각해본 사람들이 가질 수 있는 문제점을 의제로 제시했다는 점은 높게 평가될 수 있을 것입니다. 또 한반도 통일문제에 대해서 관심이 적었던 사람들에게는 이 책이 관심을 충분히 자극할 수는 있을 것으로 봅니다.

한국에는 한반도 통일을 주관하는 정부부서로서 '통일부'가 있을 뿐만 아니라, 통일을 연구하거나 통일을 논하는 학술단체, 연구기관도 다양하게 수없이 많습니다. 국내외의 어디에선가 한반도 통일문제에 관한 전문서적들이 쏟아져 나오고, 국내는 말할 것 없고 국외에서도 한반도 통일문제에 관해서 발제하고 토론하는 모임이 많아 일 년 내내 열립니다.

연구영역도 사회과학이나 인문과학 분야뿐만 아니라, 자연과학, 예술분야에 이르기까지 다양합니다. 이 모든 것의 전제는 항상 '한반도 평화가 동북아시아의 평화이고 지구촌의 평화를 가져온다.'라는 명분과 가설에서 출발하고 있습니다.

한편, 한반도 통일문제가 국내에서는 각 정당과 NGO단체 간에 경쟁과 정쟁의 도구로 이용되어오기도 했습니다. 이런 통일문제 논쟁사는 소위 해방과 분단의 과정에서도 있었으며, 민족분단 70여 년 동안에도 지속되어 오고 있습니다. 민족사의 비운입니다. 민족과 국민의 의지

와는 관계없이 민족통일문제가 정쟁의 도구로 작동하고 있는 것은 안타깝게도 예나 지금이나 똑같습니다.

여기다가 한반도 주변 4강들은 자국의 이익추구 도구로 한반도 통일문제를 적당히 이용하고 있습니다. 때로는 남북의 대립과 갈등상황을 탐닉하기도 합니다. 요즘 지구촌의 핫 이슈는 미국과 중국 간의 갈등과 패권 다툼입니다. 그 가운데에서도 70여 년 전 외세에 의한 분단과정에서와 마찬가지로 우리 정부는 민족통일 문제에 속수무책입니다.

우리는 5천년의 유구한 민족사와 찬란한 민족문화 유산을 가꾸어 온 민족입니다. 그동안 수많은 외침과 역경을 슬기롭게 자주적으로 지켜왔습니다. 우리 민족의 통일문제가 국내에서나 남북한 간 또는 주변 4대강국 간의 거대한 정치적 담론에 휩싸여서는 안 됩니다.

우리 민족 스스로의 자주적인 노력으로 다양한 분야에서 인적, 물적 교류가 이루어지기를 바랍니다. 이것이 바로 한반도 평화정착을 위한 노력의 길입니다. 종교·교육·문화·체육·예술·고고학영역 그리고 의료 및 젊은 청소년들의 활동 등은 교류와 협력이 얼마든지 가능한 영역입니다.

이번에 출간되는 이 책도 이런 작동의 에너지가 될 수 있기를 바랍니다.

추천사

10대의 눈높이에 맞춘 통일의 이야기

최상권

경기도교육청 장학사

오늘의 시대를 MZ세대('Millennials and Gen Z'라는 뜻으로 1980년대 초부터 2000년대 초에 출생한 밀레니얼 세대와 1990년대 중반부터 2000년대 초반에 출생한 Z세대를 아울러 포함한 새로운 세대)가 이끌어 가는 시대라고 합니다. 본 책의 저자인 라훈일 통일교육위원은 70년대 태어나서 80년대에서 90년대 학창시절을 보냈던 전형적인 'X세대'였습니다.

크게 보자면 이 책은 X세대 아저씨가 요즈음 10대 MZ세대에게 쉽게 들려주는 통일 이야기입니다. 저와 라훈일 위원이 공부하던 시절, 사회적 분위기로 인해 통일에 대한 다양한 생각을 표현할 수도 없었던 시기였습니다. 우리가 일상적으로 부르던 통일은 "우리의 소원은 통일 ~ 꿈에도 소원은 통일~"이었습니다.

하지만 오늘날 통일에 대한 인식은 확연하게 변화했습니다. 얼마 전 실시한 조사(통일의식조사 2021)에서 통일에 대한 인식과 통일 필요성에 대한 긍정 응답은 전체 58.7%였습니다. 탈 민족주의 통일관, 한 국가가 아닌 연합제 형태의 통일개념에 대한 긍정 응답은 각각 48.8%, 63.2%로 나타났습니다. 그 결과를 봐도, 오늘날은 자신의 통일에 대한 다양한 견해를 표현할 수 있는 시대가 되었습니다.

본 책의 저자인 라훈일 위원은 대학시절부터 통일에 대해 깊은 관심을 갖고 석·박사 과정까지 전공하면서 직접적 실천과 행동으로 교육현장에 있었습니다. 다루기 어렵다고 할 수 있는 통일에 대한 곤란한 질문에 중·고등학생 그리고 대학생들에게 답해왔습니다. 뜨거운 열정으로 재미있게 그러면서도 감동적으로 통일을 이해하기 쉽게 알려주는 현장교육자로서의 역할을 꾸준히 해오던 사람이었습니다.

이제, 20년 이상 실천했던 통일교육에 대한 그의 역량이 드러나는 저서가 우리 손에 들어오게 되었습니다. '북한에 대한 이야기'와 '통일에 대한 이야기'의 두 부분으로 나누어서 19가지의 쉽게 풀어쓴 이야기는, 북한과 통일에 대해 관심을 갖고 있는 현장의 초·중·고등학교 교사나 학생들에게 큰 도움이 될 것으로 믿어 의심치 않습니다.

이 책을 통해, 오늘의 주인공이 되는 10대 청소년들은 앞으로 다가올 통일의 시대를 준비하기 위한 여러 가지 의문과 고민에 대한 충분한 해답을 찾을 수 있을 것입니다. 10대의 눈높이에 맞춘 통일의 이야기가 우리 통일교육을 위한 밑거름으로 그 역할을 다할 것으로 믿습니다. 그 교육에 대한 초심을 늘 간직하며 살아가는 '통일청년' 라훈일 위원의 앞으로의 발걸음에 더욱 기대감을 갖게 됩니다.

북한과 통일에 대한 궁금증을 재미있게 풀어주는

10대를 위한 통일 이야기

초판1쇄 발행일 2021년 11월 25일
초판2쇄 발행일 2022년 11월 11일

지은이 라훈일

발행인 이경현
발행처 (주)천원사
신고번호 제302-1961-000002호
주소 서울시 용산구 청파로 63길 3(청파동1가)
대표전화 02-701-0110
팩스 02-701-1991

정가 13,000원

ISBN 978-89-7132-832-3 43070

• 청파랑은 (주)천원사의 임프린트입니다.
• 잘못된 책은 구입하신 서점에서 바꾸어 드립니다.